SPIノートの会 編著

SCOAのテストセンター対応

# これが本当のSCOAだ！

2026年度版

# SCOAの数理問題

次の質問に答えなさい。

(11) Xリットルはいる水槽がある。満水にするには、蛇口Yだけではa分、蛇口Zだけではb分かかる。YとZの両方の蛇口を使うと、満水にするのに何分かかるか。

**1** $\frac{a+b}{2}$分　　**2** $\frac{ab}{a+b}$分　　**3** 2ab分

**4** $\frac{a+b}{ab}$分　　**5** $\frac{b}{a}$分

(12) 1辺がamの正方形がある。その1辺を2m長くし、隣りの1辺を5m短くした長方形を作った。もとの正方形と比べて面積はいくら減ったか。ただし、$a \geqq 5$とする。

**1** $3a+10m^2$　　**2** $a^2-10m^2$　　**3** $a^2+3a-10m^2$

**4** $(a+2)(a-5)m^2$　　**5** $a^2+3m^2$

（くわしくは58ページ参照）

「SCOA」は、国数理社英の5教科から出題される採用テストだ。伝統ある大手企業で使われている。
これはSCOAの数理問題だ。
学校で習った数学の知識と、応用力が試される。

# SCOAの言語問題

次に示す言葉の意味で、正しいものを１～５の中から選びなさい。

(46) 星霜

1 まっ白な髪　2 晩秋の凍った土　3 晴れた夜空
4 歳月　5 厳しい寒さ

(47) 相剋

1 競争すること　2 仲直りすること　3 親友になること
4 刀を研ぐこと　5 互いに争うこと

(48) 気が置けない

1 気おくれがして、ひけめを感じる
2 遠慮がなく、打ち解けることができる
3 心配で油断することができない
4 遠慮があって、気をつかう
5 疑わしくて信用することができない

（くわしくは122・126ページ参照）

# SCOAの常識問題

次の質問に答えなさい。

(76) Mgの原子量は24、原子番号は12である。$Mg^{2+}$のもつ核外電子数は、次のうちどれか。

| | | |
|---|---|---|
| **1** 26 | **2** 22 | **3** 15 |
| **4** 12 | **5** 10 | |

(77) ロシアのアレクサンドル２世の治世下で、農奴解放令が出されたきっかけとなった戦争は次のうちどれか。

| | | |
|---|---|---|
| **1** ロシア遠征 | **2** 日露戦争 | **3** クリミア戦争 |
| **4** 北方戦争 | **5** 第一次露土戦争 | |

(78) 次のうち、地層の上下判定（新旧の関係の判定）の基礎となる事項に関係ないのはどれか。

| | | |
|---|---|---|
| **1** 堆積物の粒の大きさ | **2** れん痕 | **3** 生痕化石 |
| **4** 断層 | **5** 斜交葉理 | |

（くわしくは180・166・190ページ参照）

常識では、学校で習った社会、理科の知識を試す問題が出題される。出題範囲は幅広い。
よく出る問題を集中的に対策しよう！

# SCOAの英語問題

次の各質問に答えなさい。

(86)「<u>lear</u>n」の下線部と同じ発音をもつ言葉を次から選びなさい。

1 reason　　2 heart　　3 cart
4 market　　5 person

(87) 次の文に looking を入れるには、1～5のどこが適切か。

His house 1 stands 2 on a 3 hill 4 over 5 the lake.

(88) 次の文に返事をするとき、最も適切なのはどれか。

What a beautiful day it is !

1 Yes, please.　　2 Yes, it is.　　3 Yes, indeed.
4 It's Saturday.　　5 All right, thank you.

（くわしくは226・228ページ参照）

英語では、中学校や高校で習う英語の知識と、英語表現に対する理解力が試されるぞ。

# SCOAの性格テスト

それぞれの文を読んで、自分に当てはまるときは「Yes」を、自分に当てはまらないときは「No」を選んでください。
できるだけ「Yes」か「No」を選ぶようにしてください。どうしても決められないときは、「？」（「どちらとも言えない」という意味）を選んでください。
番号順に、１問も抜かさず、すべて回答してください。

【1】
初めての人とすぐに親しくなれる。　　Yes・No・？

【2】
おせっかいなことをするほうである。　　Yes・No・？

【3】
先輩から命令されると、逆らいたくなる。　　Yes・No・？

【4】
今までに他人の悪口を言ったことはない。　　Yes・No・？

（くわしくは242ページ参照）

# SCOAのテストセンターの画面（能力テスト）

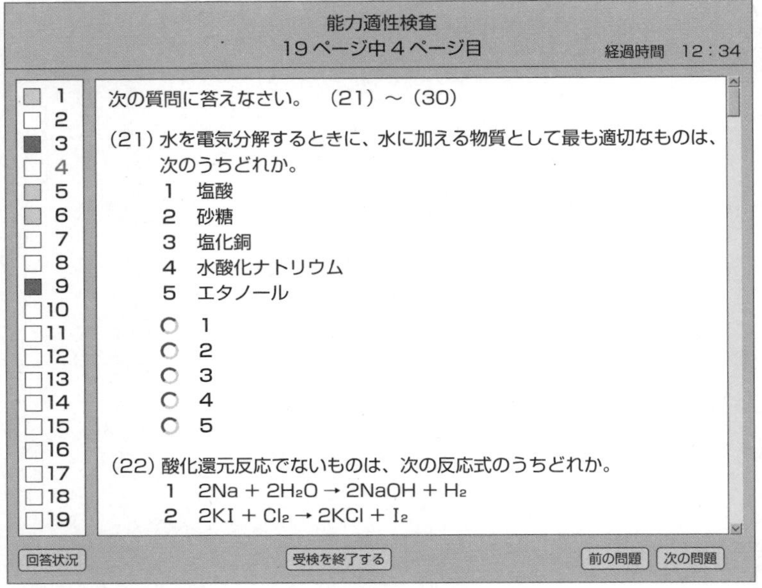


（くわしくは182・178ページ参照）

2015年から、SCOAでも
テストセンター方式が始まっているぞ！
これは、テストセンターの能力テストの画面だ。

# 「SCOA」Q&A カリスマに聞け!

## 理科、社会の出るSPI?

この前、友人が「SPI（エスピーアイ）」を受けたそうです。
言語、非言語だけじゃなくて、
理科も社会も出たと言っていましたよ!

理科や社会はSPIでは出題されない。
SPIのような言語、
非言語に理科や社会…、
それは多分、「SCOA」だよ。

スコア?　そういう名前の
採用テストがあるんですか?

SCOAは、
伝統ある大手企業が
毎年のように実施している
採用テストだ。

## これがSCOAだ!

SPIと似た問題が出て、
理科や社会もある採用テスト…。
SCOAはどんなテストなんですか?

SCOAとは!!

大学生によく実施されるタイプのSCOAについて説明しよう。SCOA-Aという種類だ。

- 能力テストと性格テストで構成
- 科目は言語、数理、論理、英語、常識（社会・理科）
- 能力テストは合計120問が一括60分で実施される

科目や時間が友人の話と一致します。
やっぱり、SPIじゃなかったんですね。

SCOAのことがよく知られていないせいか、
SPIと誤解してしまう学生が多い。
SCOAとSPIは全くの別物だ。
混同しないように気をつけよう!

## SCOAは「学力検査」?

**たとえば、SPIとSCOAを数学系の科目で比較すると…**

- **SPIの非言語**
  与えられた条件からヒントを見つけ出し、効率よく正解を出すようなタイプの問題が多い
- **SCOAの数理**
  二次方程式のような、数学の知識を前提にした問題が出る

## SCOAのテストセンター登場!

新卒採用では、
テストセンターを実施する企業が
多いと聞きました。
SPIのテストセンターは
知っていますが、
SCOAにもテストセンターが
あるのでしょうか?

SPI以外の採用テストが
次々とテストセンター方式を開始している。
**SCOAでも、2015年1月から**
**「テストセンター」が本格稼働しているぞ。**
これからSCOAの対策をする人は、
テストセンターにも備えが必要だ!

テストセンターでは、
どんなテストが実施されるのですか?

テストセンターでよく実施される
能力テストは、大学生対象の
SCOA-Aの5尺度版。
内容はペーパーテストとほぼ同じだ。
**ペーパーテストのSCOAの**
**対策が、そのままテストセンターの**
**対策にもなるぞ!**

あの人気企業も使っている!

# 「SCOA」専用の対策本!

## 理科と社会の出るSPI? そのテストは、SCOAです

就活生の間で、「国数理社英の５教科からまんべんなく出る」「理数系の科目が難しい」と毎年のように話題になる採用テストがあります。「科目が多くて難しいタイプのSPI」と誤解されることが多いのですが、実は、そのテストはSPIではありません。「SCOA（スコア）」というテストです。

## 本書は、日本初のSCOA専用対策本です!

SCOAは、伝統ある大手企業が、毎年のように実施している採用テストです。30年以上の実績がある有力テストにもかかわらず、その実態は就活生に浸透していません。

本書は、SCOAを徹底的に解明した、日本初の専用対策本です。本書を読めばSCOAの正確な情報と、実態に基づいた効果的な対策がわかります。

## テストセンター方式にも備えましょう!

SPI以外の採用テストが、次々とテストセンター方式を開始しています。SCOAでも2015年1月からテストセンターが本格稼働しています。これからSCOAの対策をする人は、テストセンターにも備えが必要です。

**本書を使ってSCOAを突破してください!**

# 本書の特徴

## 新卒採用で実施される「SCOA-A」を徹底対策!

新卒採用で実施される総合的な能力テスト「SCOA-A」の大学生版を完全解説。本書一冊で、言語、数理、論理、英語、常識（理科、社会）の全科目が対策できます！

## よく出る問題を厳選し、最適な対策法を伝授!

SCOA は、中学校や高校までの基礎学力が試されるテストです。出題範囲が非常に幅広いため、時間の限られた就活生には対策の難しい採用テストと思われてきました。しかし、SCOA で頻出の問題は、実は限られています。これらを押さえれば、確実に得点アップできるのです。
本書は、対策必須の問題ばかりを厳選して掲載。最短の時間で最大の効果を上げることができます。

## 必要な基礎知識がすっきりと思い出せる!

SCOA の能力テストのうち、特に数学や理科に関する問題は、遠ざかっていた人には難解に感じられるものです。しかし、問われる内容は基礎的なものです。つまり、基礎知識を思い出しさえすれば答えられる問題ばかりなのです。
本書では、問題を解く上で最低限必要な基礎知識を、ポイントを絞って解説。忘れていた内容が、すっきりと思い出せます。

## SCOAのテストセンターの情報を掲載!

SCOAのテストセンターは、テスト会社が運営する専用の会場に出向いて、パソコンでSCOAを受けるテストです。毎年のように実施している企業もありますが、就活生の間ではあまり情報が浸透していません。
**本書は、SCOAのテストセンターの情報を掲載。画面の仕組みや大まかな受検の流れなど、今から知っておきたいことを解説します。**

## 実際の出題範囲、出題内容を忠実に再現!

実際にSCOAを受検した就活生の皆さんから寄せられた報告に基づき、**問題を高い精度で再現**しています。本書で対策をしておけば、本番で確実な手応えが得られるでしょう。

## 性格テストの解説も掲載!

性格テストの結果は、テスト通過後の面接に影響します。**性格テスト対策は、能力テスト対策と同じくらい重要**なのです。本書は、SCOAの性格テストを解説します。

# 本書の使い方

## 1 SCOAの全体像を理解する

「1 章　SCOA とは？」(P.1)

## 2 各科目の出題範囲と対策法を確認

得意・不得意に関係なく目を通そう

## 3 再現問題に取り組む

まずは例題を解き、解説を読もう。その後でまとまった数の問題に取り組もう

## 4 苦手な科目・問題は重点的に対策

理想は全科目、全分野がまんべんなくできること。苦手な分野は重点的に対策しよう

## 5 全科目に繰り返し取り組む

本番で楽に解けるよう、解き方をマスターしよう

## 6 性格テスト対策も忘れずに!

どの質問にどう答えるか、質問例を見て考えておこう

# 本 書 の 見 方

**カンタン解法**
ポイントに基づいた解き方を解説。1ページ完結で、正解までの経過が一目でわかります。

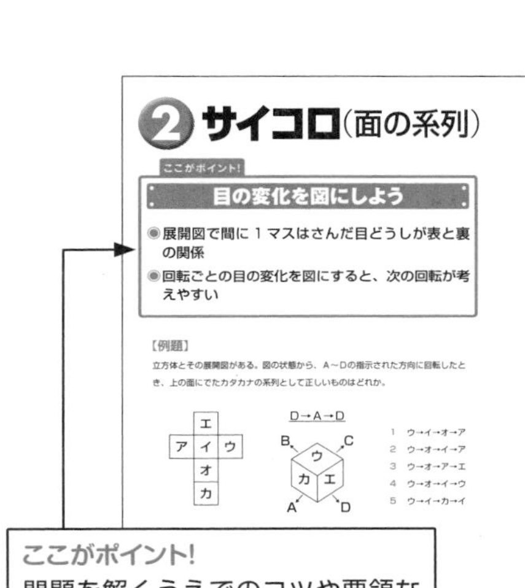


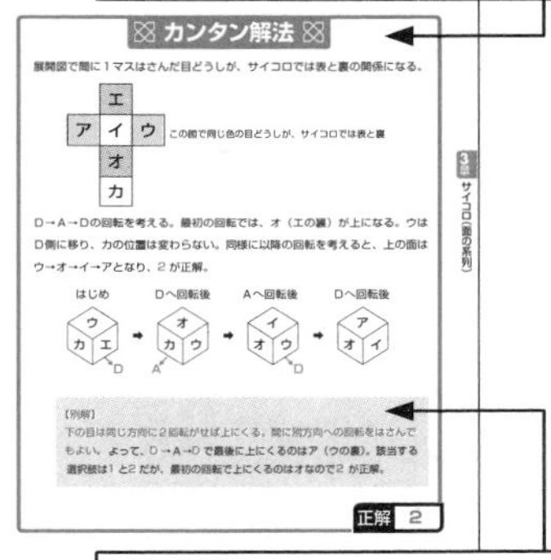


**ここがポイント!**
問題を解くうえでのコツや要領など、実践的なポイントを紹介。問題に取り組む前に必ず確認を。

**別解**
「カンタン解法」とは別の解き方を紹介。自分に合う方法を見つけましょう。

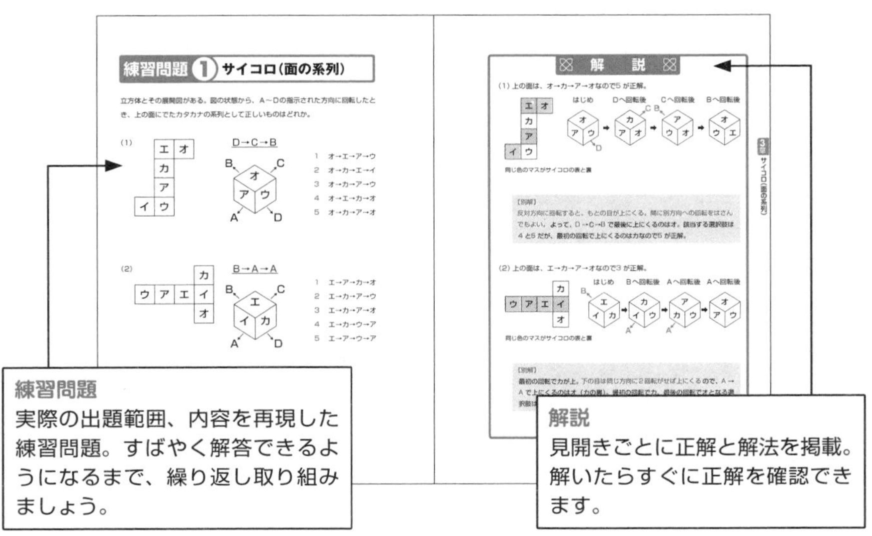


**練習問題**
実際の出題範囲、内容を再現した練習問題。すばやく解答できるようになるまで、繰り返し取り組みましょう。

**解説**
見開きごとに正解と解法を掲載。解いたらすぐに正解を確認できます。

[目次]

# 1章 SCOAとは？

# SCOAとは？

## 能力＋性格で構成される

SCOAは、NOMA総研製の採用テストです。能力テストと性格テストで構成されます。実施方式はペーパーテスト、自宅受検型Webテスト、テストセンターがあります。30年以上の実績がある採用テストで、有力・人気企業の中にも、毎年実施しているところが多数あります。

※自宅受検型Webテストで実施されるのは、性格テストと、「SCOA-i」（2020年に登場）です。

※2022年6月、「SCOA cross」というテストが登場しています。SCOA crossでは、SCOAのテストセンターを会場で受けるか自宅で受けるかを選べます。

## さまざまな科目から広く出題される

SCOAの能力テストは、さまざまな科目から構成されます。**本書で対策する「SCOA-A」は、言語、数理、論理、英語、常識（社会、理科）の5科目、計120問が一括60分で実施されます。**

問われる知識は中学校や高校で習う範囲の基礎的なものばかりです。さまざまな科目から、広く出題されるテストといえます。

※企業によっては、SCOA-Aに独自の問題を加えたものが実施されることがあります。

## 学習の基礎が試される「学力検査」

一般的に、SPIを始めとする採用テストは、学力や知識の土台となる知能を重視する「知能検査」の傾向を強く持っています。これに対して、**SCOAは、知能と同等に知識や学力を重視する「学力検査」の傾向を強く持っています。**両者の違いは、問題の内容からもわかります。たとえば、SCOAの数理では二次方程式が出題されます。式自体は難解なレベルではありませんが、二次方程式の基本的な解き方を覚えていなければ、正しい回答ができません。一方、SPIでは、数学の知識を前提にした問題よりも、与えられた条件からヒントを見つけ出し、効率よく正解を出すことが求められるタイプの問題が多く出題されます。

**SCOAで高得点を取るためには、「学力」、つまり中学校や高校までに習ってきた基礎知識が欠かせません。**

## 本書ではSCOA-Aと性格テストを対策

本書で対策するSCOA-Aは、主に新卒採用で使われる、大学生対象の能力テストです。正しくはSCOA-Aの5尺度版といいます。これに、性格テスト（SCOA-B）が組み合わされて実施されるのが最も標準的な形態です。

※SCOAの種類について詳しくは6ページ、性格テストは235ページを参照。

### ●SCOA-A（5尺度版）の出題内容

| | 出題数 | 出題内容 | 詳しい対策 |
|---|---|---|---|
| 言語 | 20問 | 言葉の意味（熟語、慣用句、故事成語、その他）、長文読解 | P.117 |
| 数理 | 25問 | 四則計算、方程式と不等式、数列、数的推理 | P.17 |
| 論理 | 25問 | サイコロ、推論、判断推理 | P.75 |
| 英語 | 30問 | 単語の意味、空欄補充（前置詞、関係代名詞）、その他 | P.203 |
| 常識 | 社会10問 | 地理、歴史、公民 | P.158 |
| | 理科10問 | 化学、物理、地学、生物 | P.178 |

※上表のデータは、SPIノートの会の独自調査によるものです。無断転載を禁じます。

## 能力テストは1～2ページごとに科目が変わる

ペーパーのSCOA-Aでは、能力テストは1冊の問題冊子で1～2ページごとに科目を変えながら出題されます。

### ●SCOA-Aの問題冊子の例

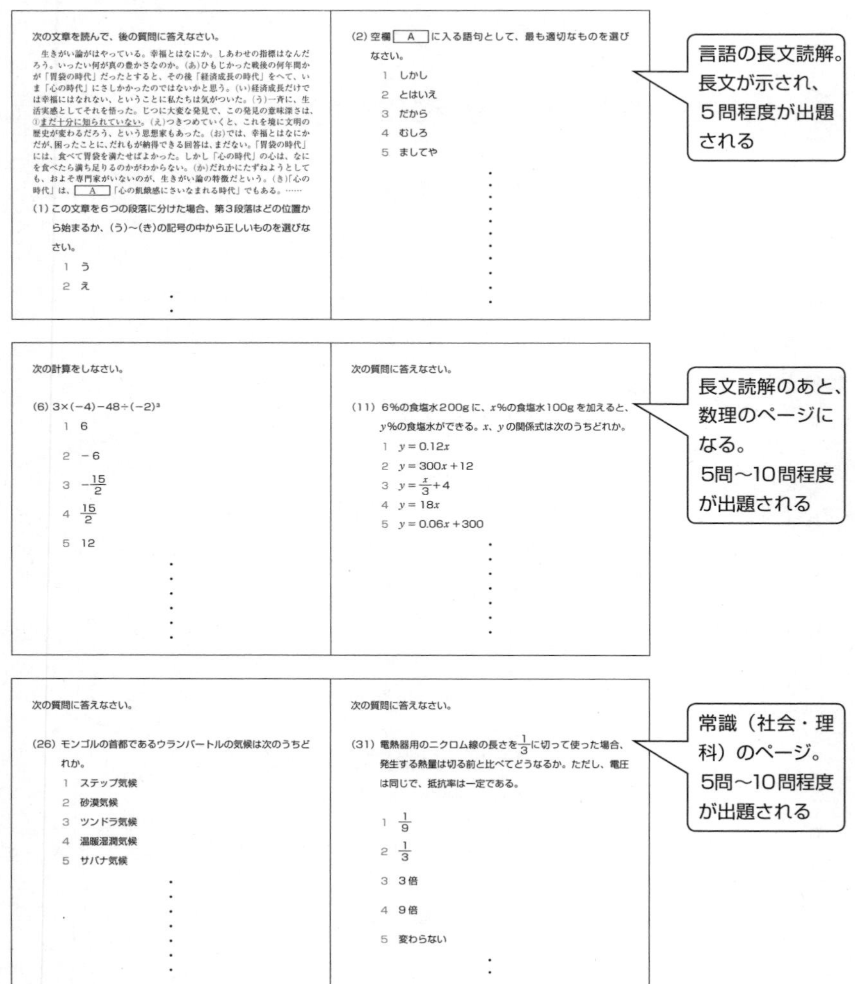

次の文章を読んで、後の質問に答えなさい。

生きがい論がはやっている。幸福とはなにか。しあわせの指標はなんだろう。いったい何が真の豊かさなのか。(あ)ひもじかった戦後の何年間かが「胃袋の時代」だったとすると、その後「経済成長の時代」をへて、いま「心の時代」にさしかかったのではないかと思う。(い)経済成長だけでは幸福にはなれない、ということに私たちは気がついた。(う)一斉に、生活実感としてそれを悟った。じつに大変な発見で、この発見の意味深さは、①まだ十分に知られていない。(え)つきつめていくと、これを境に文明の歴史が変わるだろう、という思想家もあった。(お)では、幸福とはなにかだが、困ったことに、だれもが納得できる回答は、まだない。「胃袋の時代」には、食べて胃袋を満たせばよかった。しかし「心の時代」の心は、なにを食べたら満ち足りるのかがわからない。(か)だれかにたずねようとしても、およそ専門家がいないのが、生きがい論の特徴だという。(き)「心の時代」は、[ A ]「心の飢餓感にさいなまれる時代」でもある。……

(1) この文章を6つの段落に分けた場合、第3段落はどの位置から始まるか、(う)～(き)の記号の中から正しいものを選びなさい。

1 う

2 え

(2) 空欄[ A ]に入る語句として、最も適切なものを選びなさい。

1 しかし

2 とはいえ

3 だから

4 むしろ

5 ましてや

次の計算をしなさい。

(6) $3\times(-4)-48\div(-2)^3$

1 6

2 $-6$

3 $-\frac{15}{2}$

4 $\frac{15}{2}$

5 12

次の質問に答えなさい。

(11) 6%の食塩水200gに、$x$%の食塩水100gを加えると、$y$%の食塩水ができる。$x$、$y$の関係式は次のうちどれか。

1 $y=0.12x$

2 $y=300x+12$

3 $y=\frac{x}{3}+4$

4 $y=18x$

5 $y=0.06x+300$

次の質問に答えなさい。

(26) モンゴルの首都であるウランバートルの気候は次のうちどれか。

1 ステップ気候

2 砂漠気候

3 ツンドラ気候

4 温暖湿潤気候

5 サバナ気候

次の質問に答えなさい。

(31) 電熱器用のニクロム線の長さを$\frac{1}{3}$に切って使った場合、発生する熱量は切る前と比べてどうなるか。ただし、電圧は同じで、抵抗率は一定である。

1 $\frac{1}{9}$

2 $\frac{1}{3}$

3 3倍

4 9倍

5 変わらない

## SCOAの見分け方

ペーパーテストの場合、これから受けるテストがSCOAかどうかを確かめるには、問題冊子の裏表紙を見てください。**問題冊子の裏表紙の右下に「A○○○」（Aと3桁の数字）とあればSCOA-A、「B○○○」（Bと3桁の数字）とあればSCOA-Bです。**

**SCOAの問題冊子の裏表紙**

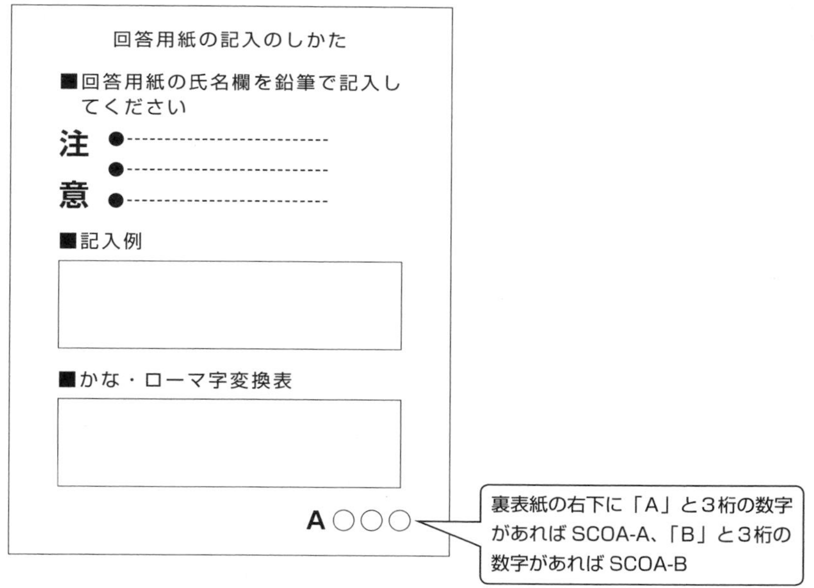

# SCOAの種類を知っておこう

## SCOAには多くの種類がある

SCOA には SCOA-A のほか、さまざまな種類のテストがあります。ここで、SCOA の全体像を理解しておきましょう。

### ●SCOA一覧

<table>
<tr><th>種類</th><th>尺度</th><th>用途</th><th>対象<br>※対象ごとに難易度が異なるテストが実施される</th><th>備考</th><th>基礎能力テスト<br>（Cは事務能力テスト）</th><th>性格テスト</th></tr>
<tr><td rowspan="3">SCOA-A</td><td rowspan="2">３尺度</td><td>新卒採用</td><td rowspan="2">大卒<br>短大卒<br>高卒</td><td rowspan="3">基礎能力を総合的に測定するためのテスト</td><td rowspan="2">一括 45 分<br>言語、数理、論理</td><td rowspan="7">約 35 分</td></tr>
<tr><td>中途採用</td></tr>
<tr><td>５尺度</td><td>新卒採用</td><td>大卒<br>短大卒<br>高卒</td><td>一括 60 分<br>言語、数理、論理、英語、常識</td></tr>
<tr><td rowspan="2">SCOA-F</td><td>３尺度</td><td rowspan="2">新卒採用</td><td rowspan="2">大卒<br>短大卒</td><td rowspan="2">各科目についてより精密に能力を測定するためのテスト</td><td>言語 20 分、数理 15 分、論理 15 分<br>※科目ごとに時間を区切って実施</td></tr>
<tr><td>４尺度</td><td>言語 20 分、数理 15 分、論理 15 分、英語 15 分<br>※科目ごとに時間を区切って実施</td></tr>
<tr><td colspan="2">SCOA-C</td><td>共通</td><td>大卒<br>短大卒</td><td>事務適性を多面的に評価するためのテスト</td><td>照合、分類、言語、計算、読図、記憶それぞれ４分<br>※科目ごとに時間を区切って実施</td></tr>
<tr><td colspan="2">SCOA-B</td><td>共通</td><td>共通</td><td colspan="2">性格テストのみ</td></tr>
</table>

※上表のデータは、SPI ノートの会の独自調査によるものです。無断転載を禁じます。

## ● SCOA-A 標準的な基礎能力テスト

受検者の能力を総合的に測定するための基礎能力テストで、SCOAで最も標準的なテストです。本書で対策できる5尺度版のほか、言語、数理、論理を一括45分で実施する3尺度版があります。

※企業によっては、SCOA-Aに独自の問題を加えたものが実施されることがあります。

## ● SCOA-F 科目ごとの能力を精密に測定するテスト

受検者の能力を、1科目ずつ精密に測定するための基礎能力テストです。科目ごとに時間を区切って実施されます。3尺度版（言語、数理、論理）と、4尺度版（言語、数理、論理、英語）があります。

## ● SCOA-B 全種類共通の性格テスト

SCOAの全種類に共通の性格テストです。前後半に分かれています。多くの場合、SCOA-AやSCOA-Fなどの基礎能力テストと同時に実施されます（解説は235ページ）。

## ● SCOA-C 事務適性を見るテスト

事務職に特化した能力を測定するテストです。照合や分類などの科目で構成されます。

**【自宅で受ける「SCOA-i」が登場】**

新しい自宅受検型Webテスト「SCOA-i」が2020年10月に登場しています。SCOA-iは、「言語」「数・論理」「空間」「知覚の正確さ」の4つの尺度で、基本的認知能力の個人差を測定するテストです。検査時間20分、問題数50問です。性格テスト（SCOA-B）と同時に実施されることもあります。

# SCOAの効果的な対策は？

## SCOA対策のコツはこの3つ

### 1. 本書で出題傾向を押さえ、的を絞ろう

SCOA-Aの5尺度版は科目が多く、範囲も幅広いため、対策しきれないと思いがちです。しかし、実は、**SCOAでは出題される問題のタイプがかなり固定されています。つまり、出題傾向を押さえれば、的を絞った対策が可能になるのです。**

過去の教科書や参考書をやみくもに読み返すような対策は必要ありません。まずは本書を一通り見て、出題傾向を押さえましょう。その上で、苦手分野をつぶす対策をするのが効果的です。

### 2. 一度は習っているものばかり。苦手意識を捨てて取り組もう

学力を試すというSCOAの性質上、特に数理や理科の分野は、遠ざかっていた人にとっては難解に感じられるものです。しかし、どの科目でも、専門知識を必要とする、難解な問題は出題されません。**問われる内容は基礎的で、多くの人が一度は習っている可能性が高いものばかりです。「専門外のことはわからない」と思いこまず、苦手意識を捨てて本書に取り組みましょう。**解けない問題があっても、「忘れているだけ」と考え、繰り返し取り組む意欲が大切です。

### 3. 知識問題は得点源。本書を繰り返して覚えてしまおう

**言語や英語、社会、理科の一部（生物、地学）では、覚えていれば確実に正解できる知識問題が多く出題されます。**これらの問題は貴重な得点源です。本書の再現問題に繰り返し取り組み、知らないものがあれば覚えてしまいましょう。

## テスト開始後も工夫をしよう

### 1. 効率の良い時間配分を心がけよう

SCOA-A の 5 尺度版は 60 分一括で実施されるので、時間配分が重要です。テスト開始直後に全問に一通り目を通し、どの問題にどれくらいの時間を使うか、だいたいの予想を立てましょう。

### 2. 問題はまとめて解くほうが効率的

SCOA-A では、問題を科目ごとに分け、まとめて解く方法も有効です。いちいち頭を切り替える必要がなく、スムーズに問題に入っていくことができます。

### 3. 間違いを恐れずに回答欄を埋めよう

SCOA-A では、回答のうちの間違いの割合（誤謬率）は得点に影響しません。誤答を恐れて空欄にするよりは、正解に自信がなくても回答欄を埋めた方が有利です。

※処理の正確さを見るテストでは、誤謬率が得点に影響することがあります。SCOA では、事務適性テストである SCOA-C で、誤謬率が測定されます。

# SCOAのテストセンターとは？

## 専用会場のパソコンで受けるSCOA

SCOAのテストセンターは、これまでペーパーテストで実施されてきたSCOAのパソコン受検版です。全国各地に設けられている専用の会場に出向き、備え付けのパソコンを使って受けます。

※2022年6月、「SCOA cross」というテストが登場しています（内容はSCOA-A）。SCOA crossでは、テストを会場で受けるか自宅で受けるかを選べます。

## 出題内容はペーパーテストとほぼ同じ

SCOAのテストセンターは、ペーパーテストと同じく、大学生対象の能力テスト（SCOA-A）と性格テスト（SCOA-B）が組み合わされて実施されるのが最も標準的な形態です。**能力テストの出題内容は、ペーパーテストのSCOA-Aの５尺度版とほぼ同じです。**性格テストも、ペーパーテストのSCOA-Bとほぼ同じです。本書１冊で全科目の対策ができます。

### ● SCOAのテストセンターの構成と出題内容

| 科目名 | 問題数 | 制限時間 | 出題内容 | 詳しい対策 |
|---|---|---|---|---|
| 能力テスト | 120問 | 60分 | SCOA-Aの５尺度版<br>（言語、数理、論理、英語、常識） | 言語　P.117<br>数理　P.17<br>論理　P.75<br>英語　P.203<br>常識　P.155 |
| 性格テスト | 2部構成 | 35分 | SCOA-B | P.235 |

※テストセンターの予約サイトでは、時間は実施説明の分を含めて「90分」と表記されます。

※企業によっては、SCOA-AではなくSCOA-F、SCOA-Cが実施されることがあります。また、能力テストだけ、性格テストだけというように、組み合わせなしで実施されることもあります（SCOAの種類について詳しくは6ページを参照）。

## ● SCOA のテストセンターの受検画面

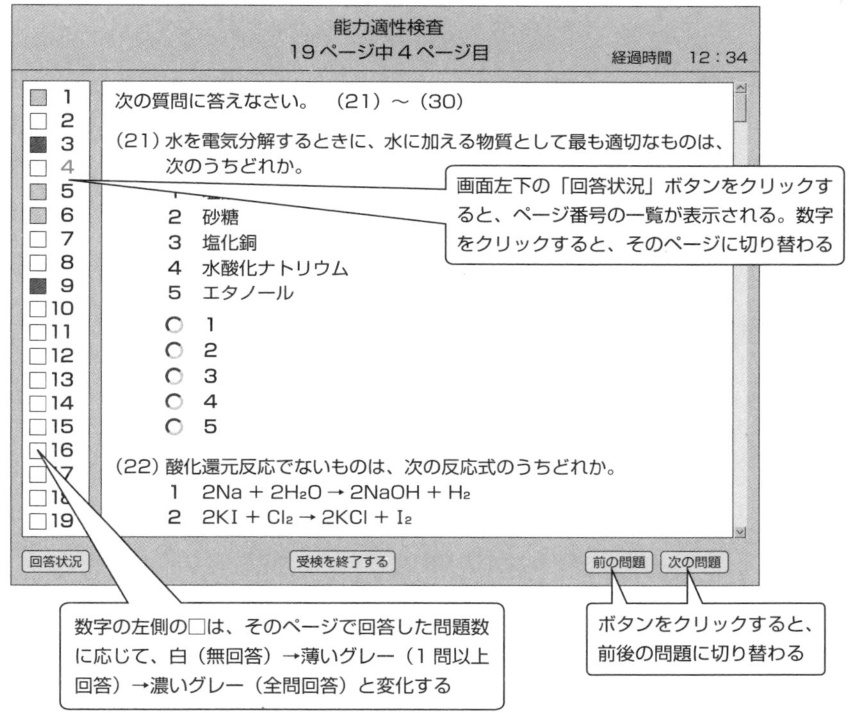


## 自分で予約して会場に出向く

テストセンターの受検予約は、受検者自身が行います。企業からの指示に従ってテストセンターの予約サイトにアクセスします。予約サイトでは、都合のよい日時と会場を選んで予約します。

受検当日になったら、会場に出向いて能力テストと性格テストを受検します。本人確認のための身分証明書（学生証、運転免許証など）が必要なので、忘れずに持参してください。

受検が終了すると、採点された結果が、応募企業に送られます。あとは企業からの合否連絡を待つだけです。

# SCOA以外のテストセンターも知っておこう

## 有力テストが次々とテストセンターを開始

かつては、「テストセンターといえば、必ずSPI」でした。しかし、2013年から、SPI以外の採用テストが次々とテストセンターを開始しています。

## SCOA以外の代表的なテストセンター

### ●SPI

「SPI」は、日本で一番使われている採用テストです。専用会場に出向いて、備え付けのパソコンでテストを受ける「テストセンター方式」の草分けです。

※対策は→『これが本当のSPI3テストセンターだ！』（講談社）

### ●C-GAB（玉手箱のテストセンター）

「玉手箱」は、自宅受検型のWebテストでシェアNo.1の採用テストです。C-GAB（シーギャブ）は、その玉手箱の一部の科目をテストセンターに出向いて受けるテストです。2013年8月に登場しました。

※対策は→『これが本当のWebテストだ！①』（講談社）

### ●ヒューマネージ社のテストセンター（TG-WEBのテストセンター）

「TG-WEB（ティージーウェブ）」は、有名・人気企業などで実施が急増している自宅受検型のWebテストです。そのTG-WEBをテストセンターに出向いて受けるテストが、ヒューマネージ社のテストセンターです。2013年7月に登場しました。

※対策は→『これが本当のWebテストだ！②』（講談社）

## SCOAのテストセンターの見分け方

企業から受検指示が届いたら、指示の通りに予約サイトにアクセスして、記載されている内容からSCOAかどうかを判断してください。

### ● SCOAのテストセンターの予約サイトの画面

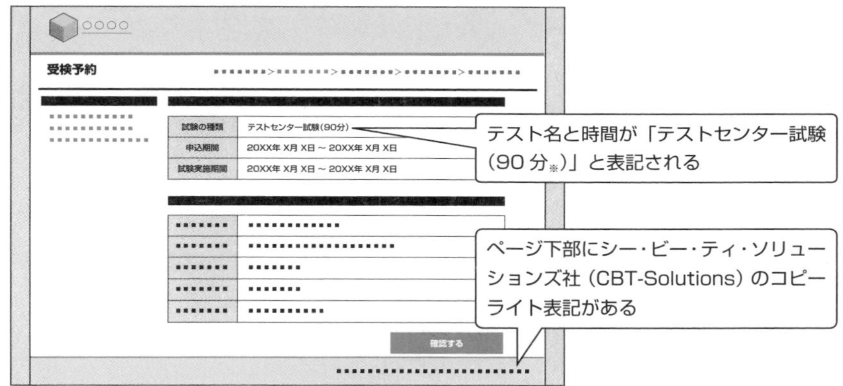


※ SCOA-Aの5尺度版とSCOA-Bの組み合わせの場合。別の種類のテストが実施されるときは、表示される制限時間は変わります。
※ SCOA crossの予約サイトは上記とは異なります。

**【テストセンターの自宅受検が選べる「SCOA cross」が登場】**

2022年6月、「SCOA cross」というテストセンター方式のテストが登場しています。受検者は、受検予約をするときに、テストを専用の会場で受けるか自宅で受けるかを選べます。自宅で受けるときは、オンラインによる監視のもと自宅のパソコンで受けます。テストの内容は「SCOA-A」です。

※従来の、会場受検のみのテストセンターとは別のテストです。
※オンライン監視による受検では、事前に指定された機器や室内環境の準備が必要です。

# ここが知りたい！SCOAのQ&A

## SPIノートの会に寄せられた多くの質問を紹介

SPI ノートの会に寄せられた質問のうち、代表的なものをご紹介します。

## SCOAの合格ラインは?

**Q**:SCOA の能力テストでは、どのくらいを正解すれば選考を通過できますか？

**A**:**合格ラインは、企業によって異なります**
能力テストでは、どのくらい正解すれば通過とは一概に言えません。ただし、確実に言えるのは、能力テストの点数は高いに越したことはないということです。能力テストの点数が高いと、面接官の心証も良くなります。できるだけ高得点が取れるよう対策しましょう。

## 公務員の採用でもSCOAが使われている?

**Q**:公務員の採用でも、SCOA が実施されますか？

**A**:**従来の公務員試験の代わりに、SCOA の実施が増えています**
地方公共団体では、従来の公務員試験に代えて、SCOA や SPI などの採用テストを実施するところが増えています。公務員を志望する人は、SCOA の対策もしておきましょう。

## テストセンターでは1問ごとに制限時間がある?

**Q**:SCOAのテストセンターでは、全体の制限時間のほかに、1問ごとの制限時間がありますか？

**A**:**全体の制限時間だけで、1問ごとの制限時間はありません**

SCOAのテストセンターでは、1問ごとの制限時間はありません。ペーパーテストと同様に、テスト全体の制限時間だけです。効率のよい時間配分を心がけましょう。

## テストセンターでは問題を行き来できる?

**Q**:SCOAのテストセンターでは、問題を飛ばしたり、戻ったりすることはできますか？

**A**:**「前の問題」「次の問題」ボタンや、ページ番号の一覧から行き来できます**

SCOAのテストセンターでは、1ページに複数の問題が表示されます。画面にある「前の問題」「次の問題」ボタンで問題を飛ばしたり戻ったりできるほか、「回答状況」ボタンからページ番号の一覧を表示させ、番号をクリックしてページ単位で行き来することができます。

※テスト開始直後は、ページ番号の一覧は表示されていません。

# SCOAを実施している企業は?

過去５年間にSCOA（ペーパーテストまたはテストセンター）を実施した企業の一部をご紹介します。

あ IHIジェットサービス
会津よつば農業協同組合
秋田プリマ食品
あまくさ農業協同組合
宇佐市役所
エーエスペイント【中途採用】
エクシオテック
荏原フィールドテック
沖縄銀行
か 環境再生保全機構
関東甲信クボタ
関東電化工業【中途採用】
北九州農業協同組合【中途採用】
ケー・イー・エルテクニカルサービス
ケイミュー【中途採用】
甲賀農業協同組合
高知銀行
ごとう農業協同組合【中途採用】
さ 佐賀県信用農業協同組合連合会
佐賀県庁
サンエー
JFE瀬戸内物流【中途採用】
しずない農業協同組合
澁澤倉庫
ジャパンミート
JALスカイエアポート沖縄
全国農業協同組合連合会
た 千歳市役所
千葉日報社
ティーガイア
東京むさし農業協同組合
徳島北農業協同組合【中途採用】
徳島市役所
鳥取県信用農業協同組合連合会
な 中津市役所
長野市役所
那覇市役所
西多摩農業協同組合
西東京市役所
ニプロ
日本管財
日本気象協会
日本工営【中途採用】
日本工営都市空間
日本中央競馬会
日本電気化学
日本電計
日本ピラー工業
ネッツトヨタ福島【中途採用】
農業・食品産業技術総合研究機構
は 東大阪市役所
日立市役所
日野市役所
枚方市役所
広島県信用保証協会
福岡国際空港
フジミック
北菱電興
ま 三菱電機【中途採用】
水戸市役所
美馬市役所
宮崎県農協果汁
三次市役所
や 山口県農業協同組合
山口市役所
大和郡山市役所
ユニチカ
吉川工業
ら ライフネット生命保険【中途採用】
琉球セメント
わ YKK AP【中途採用】
和歌山県庁

※社名・地方公共団体名は調査当時のものです。
※SCOAに加えて、他のペーパーテストやWebテストを実施している企業もあります。
※職種によって違うテストを実施している企業もあります。

2章
SCOA
数理

# SCOA 数理問題の概要

## 数理問題の出題範囲と出題数

| | 出題数 | 掲載ページ |
|---|---|---|
| 四則計算 | 5問 | P.20 |
| 方程式と不等式 | 5問 | 一次方程式　P.30<br>二次方程式　P.36<br>不等式　P.42 |
| 数列 | 10問 | P.46 |
| 数的推理 | 5問 | P.56 |

※上表のデータは、SPIノートの会の独自調査によるものです。無断転載を禁じます。



SCOAの数理では、学校で習った数学の知識と、それを応用する力が試されます。

比較的簡単な整数の計算なども出題されますが、どちらかというと、数学から遠ざかっている人にとっては、難しく感じるような問題が多く出題されます。たとえば、二次方程式を因数分解して解く問題、三平方の定理を使って、三角形の辺の長さを式で表す問題などです。

## 数理問題の設問内容と対策

### ●四則計算

整数や分数の計算問題が中心で、2乗などの累乗、小数や√（ルート）の計算も出題されます。**累乗は、かっこの位置によって計算が変わるので気をつけましょ**

う。√は、計算方法を復習しておきましょう。

**●方程式と不等式**

一次方程式、二次方程式、不等式の問題が出題されます。一次方程式では連立方程式も出題されます。連立方程式や二次方程式は、解き方を忘れている人が多い分野です。あらためて本書で解き方を覚えておきましょう。不等式は、マイナスのかけ算や割り算のときに不等号記号の向きが変わることに注意してください。



**●数列**

数列の規則性を考えて、空欄に当てはまる数字を答える問題が出題されます。同じ数だけ増える、同じ数だけかけるといった基本の数列だけでなく、1ずつ足す数が増える、2つの規則を交互に繰り返すなど応用的な数列も出題されます。本書で、SCOAでよく出題されるタイプの数列に慣れておきましょう。

**●数的推理**

数学の基礎知識と推理力が必要な文章題が出題されます。出題される問題の種類は、濃度算、水槽算、図形と幅広いのが特徴です。幅広い種類の問題がそれぞれ1問ずつ出ることが多いので、ひとつのものばかり対策をするよりは、本書を使ってSCOAの数的推理によく出る問題を一通り復習しておくほうが効果的です。

数理全体の対策としては、数学の知識を思い出すとともに、SCOAでよく出る問題の解き方に慣れておくことです。

本書では数学から遠ざかっている人でもわかりやすいよう丁寧な解説を心がけています。また、SCOAによく出る問題を厳選しています。本書の問題に繰り返し取り組みましょう。

# 1 四則計算

ここがポイント!

**簡単な計算から、$\sqrt{\ }$ の計算まで幅広く出題される**

◉足し算、引き算よりも、かけ算、割り算が先

◉２乗は同じ数をかけ算する。指数の位置に注意

2乗を表す数字

$(-3)^2=(-3)\times(-3)=9$

$(-3^2)=-(3\times3)=-9$

$-3^2=-(3\times3)=-9$

◉$\sqrt{\ }$ は、基本の計算方法を覚えよう

$(\sqrt{3})^2=3$　$\sqrt{3}+\sqrt{3}=2\sqrt{3}$　$\sqrt{2}\times\sqrt{3}=\sqrt{2\times3}=\sqrt{6}$

**【例題】**

次の計算をしなさい。

$(-4)^2\div(-2)-36\div(-3^2)+(-2)^3$

1　4

2　−3

3　9

4　−12

5　13

## カンタン解法

2乗や3乗などの累乗は、指数（2乗や3乗を表す数字）の位置で計算が変わるので気をつけよう。

$(-3)^2=(-3)\times(-3)=9$　⬅ 累乗の2は「−3」にかかる

$(-3^2)=-(3\times3)=-9$　⬅ 累乗の2は「3」にだけかかる

あとは、かけ算・割り算が先で、足し算・引き算が後という四則計算の基本ルールに従って計算する。

$$(-4)^2\div(-2) \quad -36\div(-3^2) \quad +(-2)^3$$

$$= 16\div(-2) \quad -36\div(-9) \quad +(-8)$$

$$= -8 \quad +4 \quad -8$$

$$= -12$$

【補足】

●この問題に登場する累乗の計算方法は以下の通り。$-3^2$ は、すでに説明したので省略する。

$(-4)^2=(-4)\times(-4)=16$

$(-2)^3=(-2)\times(-2)\times(-2)=-8$

●マイナス混じりのかけ算、割り算では、＋−は以下のように変わる。

| | |
|---|---|
| ＋と− ➡ − | $3\times(-2)=-6$　$6\div(-2)=-3$ |
| −と− ➡ ＋ | $-3\times(-2)=6$ |

**正解　4**

2章 四則計算

# 練習問題 1 四則計算

次の計算をしなさい。

(1) $3\times(-4)-48\div(-2)^3$

1　6

2　$-6$

3　$-\dfrac{15}{2}$

4　$\dfrac{15}{2}$

5　12

(2) $(-4)^2\times7-(-3)^3\times(-2^2)$

1　220

2　4

3　6

4　556

5　340

## 解　説

(1) 引き算よりかけ算と割り算が先。$(-2)^3$ は $(-2)\times(-2)\times(-2)$ なので－8。

$$
\begin{aligned}
& 3\times(-4)-48\div(-2)^3 \\
= & -12 \quad -48\div(-8) \\
= & -12 \quad +6 \\
= & -6
\end{aligned}
$$

(2) 累乗の指数の位置に気をつけよう。$(-2^2)$ は $-(2\times2)$ なので－4になる。

$$
\begin{aligned}
& (-4)^2\times7-(-3)^3\times(-2^2) && \Leftarrow \text{累乗を計算} \\
= & \ 16 \times7-(-27)\times(-4) && \Leftarrow \text{かけ算を計算} \\
= & \ 112 \quad -108 && \Leftarrow \text{その後で引き算を計算} \\
= & \ 4
\end{aligned}
$$

【補足】

この問題に登場する累乗の計算方法は以下の通り。

$(-4)^2=(-4)\times(-4)=16$

$(-3)^3=(-3)\times(-3)\times(-3)=-27$

$(-2^2)=-(2\times2)=-4$

**正解**　(1) 2　(2) 2

# 練習問題 2 四則計算

次の計算をしなさい。

(1) $3\times4\div(5+6)\div7$

1 $\frac{1}{7}$

2 $\frac{3}{7}$

3 $\frac{5}{7}$

4 $\frac{12}{77}$

5 $\frac{16}{77}$

(2) $0.8+(-2.3)\times0.4$

1 $-0.31$

2 $1.72$

3 $1.24$

4 $-0.12$

5 $-0.6$

## 解　説

(1) 選択肢が分数なので、割り算は分数にして計算する。例えば「÷ 11」は「$\times\frac{1}{11}$」として計算（「÷ 11」を分数で表すと「$\div\frac{11}{1}$」。これの分子と分母を入れ替えて、かけ算に変えると「$\times\frac{1}{11}$」)。

$3\times4\div(5+6)\div7$ ← かっこ内を先に計算

$=3\times4\div11\div7$

$=12\div11\div7$ ← ÷11は$\times\frac{1}{11}$、÷7は$\times\frac{1}{7}$に変えて計算

$=12\times\frac{1}{11}\times\frac{1}{7}$

$=\frac{12\times1\times1}{11\times7}$

$=\frac{12}{77}$

(2) 足し算よりかけ算を先に計算する。かけ算では小数点の位置を間違えないように注意。

$0.8+(-2.3)\times0.4$ ← $(-2.3)\times0.4$を先に計算

$=0.8+(-0.92)$

$=-0.12$

**正解**　(1) 4　(2) 4

# 練習問題③ 四則計算

次の計算をしなさい。

(1) $\left(\frac{1}{3}-1\right)\div\frac{2}{5}$

1 $\frac{3}{5}$

2 $-\frac{4}{15}$

3 $\frac{4}{15}$

4 $-\frac{8}{15}$

5 $-\frac{5}{3}$

(2) $\frac{1}{6}\div\left\{\frac{1}{6}-\left(\frac{3}{4}-\frac{1}{3}\right)+\frac{4}{9}\right\}$

1 $\frac{7}{36}$

2 $\frac{6}{7}$

3 $\frac{5}{6}$

4 $-\frac{5}{6}$

5 $-\frac{15}{36}$

## 解説

(1) 分数の引き算は、通分(分子と分母に同じ数をかける)で分母を揃えてから。

割り算は、分子と分母を入れ替えてかけ算にする。

$$\left(\frac{1}{3}-1\right)\div\frac{2}{5}$$ ← $\left(\frac{1}{3}-1\right)$は、通分で分母を3に揃えてから計算

$$=\left(\frac{1}{3}-\frac{3}{3}\right)\div\frac{2}{5}$$

$$=-\frac{2}{3}\div\frac{2}{5}$$ ← $\div\frac{2}{5}$は$\times\frac{5}{2}$に変えて計算

$$=-\frac{\overset{1}{\cancel{2}}\times5}{3\times\underset{1}{\cancel{2}}}$$ ← 約分（分子と分母を同じ数で割る）を忘れない

$$=-\frac{5}{3}$$

(2) 内側のかっこから計算する。まず(　)の中、次に{　}の中の順。

$$\frac{1}{6}\div\left\{\frac{1}{6}-\left(\frac{3}{4}-\frac{1}{3}\right)+\frac{4}{9}\right\}$$ ← 内側のかっこ内を先に計算

$$=\frac{1}{6}\div\left\{\frac{1}{6}-\left(\frac{9}{12}-\frac{4}{12}\right)+\frac{4}{9}\right\}$$

$$=\frac{1}{6}\div\left(\frac{1}{6}-\frac{5}{12}+\frac{4}{9}\right)$$ ← 残ったかっこ内を計算

$$=\frac{1}{6}\div\left(\frac{6}{36}-\frac{15}{36}+\frac{16}{36}\right)$$

$$=\frac{1}{6}\div\frac{7}{36}$$ ← 最後に割り算（$\div\frac{7}{36}$は$\times\frac{36}{7}$に変える）

$$=\frac{1\times\overset{6}{\cancel{36}}}{\underset{1}{\cancel{6}}\times7}$$ ← 約分を忘れない

$$=\frac{6}{7}$$

**正解**　(1) **5**　(2) **2**

# 練習問題 ④ 四則計算

次の計算をしなさい。

(1) $\frac{2}{3} \div \left(-\frac{1}{12}\right) \times \left(-\frac{1}{2}\right)^2 - 4 \times (-2)$

1 $\frac{1}{12}$

2 $\frac{5}{6}$

3 $6$

4 $-\frac{1}{6}$

5 $-4$

(2) $(\sqrt{3}-1)^2-2(\sqrt{3}-1)-1$

1 $5$

2 $3\sqrt{2}$

3 $4\sqrt{3}$

4 $5-4\sqrt{3}$

5 $\sqrt{3}-1$

# 解　説

(1) $\left(-\frac{1}{2}\right)^2$は、$\left(-\frac{1}{2}\right)\times\left(-\frac{1}{2}\right)$なので$\frac{1}{4}$。また、引き算よりかけ算、割り算が先。

$$\frac{2}{3}\div\left(-\frac{1}{12}\right)\times\left(-\frac{1}{2}\right)^2-4\times(-2)$$

$=\frac{2}{3}\div\left(-\frac{1}{12}\right)\times\frac{1}{4}+8$　⬅ $\div\left(-\frac{1}{12}\right)$は$\times\left(-\frac{12}{1}\right)$に変えて計算

$=-\frac{2\times 12\times 1}{3\times 1\times 4}+8$　⬅ 約分（分子と分母を同じ数で割る）

$=-2+8$

$=6$

(2) $\sqrt{3}$は2乗すると3。$(a-b)^2=a^2-2ab+b^2$ の公式を使って、式を展開する。

$(\sqrt{3}-1)^2-2(\sqrt{3}-1)-1$　⬅ $(\sqrt{3}-1)^2$ を展開

$=(\sqrt{3})^2-2\sqrt{3}+1^2-2(\sqrt{3}-1)-1$　⬅ $(\sqrt{3})^2=3$

$=3-2\sqrt{3}+1-2(\sqrt{3}-1)-1$　⬅ $-2(\sqrt{3}-1)=-2\sqrt{3}+2$

$=3-2\sqrt{3}+1-2\sqrt{3}+2-1$　⬅ 整数どうし、$\sqrt{3}$どうしを計算

$=5-4\sqrt{3}$

【補足】

●$\sqrt{\ }$の2乗では、$\sqrt{\ }$記号をはずせばよい。例えば$(\sqrt{2})^2=2$、$(\sqrt{3})^2=3$

●$(\sqrt{3}-1)^2$は、 展開の公式を忘れた場合は$(\sqrt{3}-1)\times(\sqrt{3}-1)$と計算してもよい。結果は$3-\sqrt{3}-\sqrt{3}+1=3-2\sqrt{3}+1$となり同じ答え。

**正解**　(1) **3**　(2) **4**

# ② 方程式と不等式（一次方程式）

ここがポイント！

## 方程式の解き方に慣れておこう

◎$x$は左辺、数値は右辺にまとめる

◎連立方程式（$x$と$y$の方程式）は、$x$か$y$の片方を消す

◎連立方程式では、方程式を解くよりも、選択肢から計算したほうが早い問題もある。臨機応変に取り組もう

**【例題】**

次の式を解きなさい。

$$\frac{3x-1}{4}-\frac{x-2}{3}=1$$

1　$x=-\frac{7}{5}$

2　$x=\frac{7}{12}$

3　$x=\frac{7}{5}$

4　$x=-\frac{7}{12}$

5　$x=\frac{1}{6}$

## カンタン解法

分数の方程式は、整数に変えると計算しやすい。この問題の場合、両辺に12をかけ算すると整数になる。あとは方程式の基本に従って、$x$を左辺に、数値を右辺にまとめればよい。

$$\frac{3x-1}{4}-\frac{x-2}{3}=1$$ ⬅ 両辺に12をかけ算して整数にする

$$\frac{\overset{3}{\cancel{12}}(3x-1)}{\underset{1}{\cancel{4}}}-\frac{\overset{4}{\cancel{12}}(x-2)}{\underset{1}{\cancel{3}}}=12\times1$$

$$3(3x-1)-4(x-2)=12$$ ⬅ 式を展開する

$$9x-3-4x+8=12$$ ⬅ $x$を左辺、数値を右辺にまとめる

$$5x=12+3-8$$

$$5x=7$$ ⬅ ×5を÷5にして右辺に移す

$$x=\frac{7}{5}$$

【補足:式の展開】

式の展開方法をおさらいしておこう。$-4(x-2)$を例にあげる。

$$-4(x-2)=-4x+(-4\times-2)=-4x+8$$

−4を、$x$と−2それぞれにかけ算する

マイナスどうしはかけ算するとプラスになる

**正解 3**

## 練習問題 1 方程式と不等式（一次方程式）

次の式を解きなさい。

$$\begin{cases} \sqrt{3}x+\sqrt{5}y=1 \\ \sqrt{5}x-\sqrt{3}y=1 \end{cases}$$

1 $x=\dfrac{\sqrt{3}+\sqrt{5}}{8}$, $y=\dfrac{\sqrt{5}-\sqrt{3}}{8}$

2 $x=\dfrac{\sqrt{3}+\sqrt{5}}{15}$, $y=\dfrac{\sqrt{5}-\sqrt{3}}{15}$

3 $x=\dfrac{\sqrt{3}+\sqrt{5}}{8}$, $y=\dfrac{\sqrt{3}-\sqrt{5}}{8}$

4 $x=\dfrac{\sqrt{2}}{4}$, $y=\dfrac{\sqrt{2}}{8}$

5 $x=\dfrac{\sqrt{8}}{15}$, $y=\dfrac{\sqrt{2}}{15}$

## 解　説

連立方程式では、まず$x$か$y$の片方を消す。簡単に$x=$や$y=$の形にできるなら代入で、そうでなければ、2つの式を足すか引くかして$x$と$y$の片方を消す（加減法）。この問題に向くのは加減法。

選択肢を見ると、$y$の値がすべての選択肢で異なっている。つまり、$y$の値がわかれば正解の選択肢が決まる。$y$の値を求めるには加減法で$x$を消せばよい。

$$\begin{cases}\sqrt{3}x+\sqrt{5}y=1\cdots①\\ \sqrt{5}x-\sqrt{3}y=1\cdots②\end{cases}$$

まず①と②の$x$の値を同じ（最小公倍数の$\sqrt{15}x$）にする。

①の左右の式に$\sqrt{5}$をかけ算

$\sqrt{3}x+\sqrt{5}y=1 \Rightarrow \sqrt{15}x+5y=\sqrt{5}\cdots①'$

$\sqrt{3}\times\sqrt{5}=\sqrt{3\times5}=\sqrt{15}$
$\sqrt{5}\times\sqrt{5}=5$

②の左右の式に$\sqrt{3}$をかけ算

$\sqrt{5}x-\sqrt{3}y=1 \Rightarrow \sqrt{15}x-3y=\sqrt{3}\cdots②'$

$\sqrt{5}\times\sqrt{3}=\sqrt{5\times3}=\sqrt{15}$
$\sqrt{3}\times\sqrt{3}=3$

次に①′と②′を引き算して$x$を消し、$y$を求める。

$$\begin{array}{rr} & \sqrt{15}x+5y=\sqrt{5}\cdots①' \\ -) & \sqrt{15}x-3y=\sqrt{3}\cdots②' \\ \hline & 8y=\sqrt{5}-\sqrt{3} \\ & y=\dfrac{\sqrt{5}-\sqrt{3}}{8} \end{array}$$

$y=\dfrac{\sqrt{5}-\sqrt{3}}{8}$とわかった。正解は1。

**正解　1**

## 練習問題 2 方程式と不等式（一次方程式）

次の式を解きなさい。

$$\begin{cases} x-\dfrac{y-4}{8}=12-y \\ \dfrac{3}{4}x-(y-5)=\dfrac{5x+2}{6} \end{cases}$$

1 $x=4$, $y=8$

2 $x=-4$, $y=8$

3 $x=8$, $y=4$

4 $x=-8$, $y=4$

5 $x=8$, $y=-4$

## 解　説

この問題は、方程式で解くとかなり時間がかかる。それよりは、選択肢の数値を式に代入して、式が成り立つものを探すほうが早い。

選択肢から $y$ は－4、4、8のいずれかに限られるので、順番に当てはめて、$x$ と $y$ 両方の値が選択肢と一致するものを選ぶことにする。

$$\begin{cases} x-\dfrac{y-4}{8}=12-y \cdots ① \\ \dfrac{3}{4}x-(y-5)=\dfrac{5x+2}{6} \cdots ② \end{cases}$$

$y=4$を①に代入すると、$\dfrac{y-4}{8}$が0となり計算しやすい。これから始める。

$$x-\frac{y-4}{8}=12-y$$

$$x-\frac{4-4}{8}=12-4$$

$$x-0=8$$

$$x=8$$

$x$ の値がうまく選択肢と一致した。$y=4$のとき、$x=8$なので3が正解。

**正解　3**

2章 方程式と不等式(一次方程式)

# ③ 方程式と不等式（二次方程式）

ここがポイント！

## 因数分解を思い出そう

◎二次方程式では解が2つある　例：$x=2, -3$

◎解き方は「式を展開して＝0の形」にして「因数分解」

◎因数分解は$x^2+ax+b=0$ ➡ $(x+c)(x+d)=0$

**【例題】**

次の式を解きなさい。

$x^2-3x-18=0$

1　$x=3,\ -6$

2　$x=6,\ -3$

3　$x=6,\ 3$

4　$x=-6,\ -3$

5　$x=9,\ -3$

## カンタン解法

二次方程式（$x^2$ が登場する方程式）は「因数分解」で解く。

因数分解　　　答えは

$$x^2+ax+b=0 \Rightarrow (x+c)(x+d)=0 \Rightarrow x=-c,\ -d$$

c、d は「足すと a」でなおかつ「かけると b」

式とは＋と－が逆になる

この問題を解いてみよう。「$x^2-3x-18$」という式なので、足すと－3、かけると－18 になる数を考える。該当するのは3と－6。答えは、3と－6のプラスとマイナスを入れ替えて、－3と6となる。

$x^2-3x-18=0$　⇐ 足して－3、かけて－18 になる数を探す

$(x+3)(x-6)=0$　⇐ $(x+3)$ なので $x=-3$、$(x-6)$ なので $x=6$

$x=-3,\ 6$

**正解　2**

【補足】

以下の2問で、因数分解の解き方に慣れておこう。

$x^2+6x+8=0$

$(x+4)(x+2)=0$

$x=-4,\ -2$

$x^2-7x+10=0$

$(x-5)(x-2)=0$

$x=5,\ 2$

# 練習問題 1 方程式と不等式（二次方程式）

次の式を解きなさい。

$(x+2)(x-3)=6$

1 $x=-3,\ 4$

2 $x=3,\ -4$

3 $x=-2,\ 3$

4 $x=2,\ -3$

5 $x=2,\ 6$

## 解　説

この問題のように、「＝0」の形になっていない二次方程式では、式を展開して「＝0」の形にする。そのあとで因数分解をする。

$(x+2)(x-3)=6$ ⬅ 式を展開する

$x^2-3x+2x-6=6$ ⬅ 右辺が0になるように、数値を左辺に移す

$x^2-x-12=0$ ⬅ 足して－1、かけて－12になるよう因数分解

$(x+3)(x-4)=0$ ⬅ $(x+3)$ なので $x=-3$、$(x-4)$ なので $x=4$

$x=-3,\ 4$

【補足：式の展開】

$(x+2)(x-3)$ の展開方法は以下の通り。

$$(x+2)(x-3)=\overset{①}{x^2}\overset{②}{-3x}\overset{③}{+2x}\overset{④}{-6}=x^2-x-6$$

【別解】

もとの式、$(x+2)(x-3)=6$ に選択肢の数値を代入して、式が成り立つものを探してもよい。

1　$x=-3$，④

2　$x=$③，$-4$

3　$x=-2$，③

4　$x=$②，$-3$

5　$x=$②，6

$(x+2)(x-3)$ に、2、3、4を代入して式が成り立つものを探す。

$x=2$　$(2+2)(2-3)=-4$　×

$x=3$　$(3+2)(3-3)=0$　×

$x=4$　$(4+2)(4-3)=6$　○

成り立つのは $x=4$ だけ。正解の選択肢は1。

**正解　1**

# 練習問題 ② 方程式と不等式（二次方程式）

次の式を解きなさい。

$(x-4)^2-1=3$

1　$x=-1,\ 4$

2　$x=2,\ 4$

3　$x=-2,\ 6$

4　$x=2,\ 6$

5　$x=2,\ -4$

## 解　説

この問題も、式を展開して「＝0」の形にしたうえで、因数分解する。

$(x-4)^2-1=3$ ← 式を展開する。公式は $(x-a)^2=x^2-2ax+a^2$

$x^2-8x+16-1=3$ ← 右辺が0になるように、数値を左辺に移す

$x^2-8x+12=0$ ← 足して−8、かけて＋12になるよう因数分解

$(x-2)(x-6)=0$ ← $(x-2)$ なので $x=2$、$(x-6)$ なので $x=6$

$x=2,\ 6$

【別解】

二次方程式 $(x+a)^2=b$ の解は、$x=-a\pm\sqrt{b}$ となる。これを利用して解くこともできる。

まず $(x-4)^2-1=3$ を、$(x+a)^2=b$ の形にする。

$(x-4)^2-1=3$

$(x-4)^2=4$

これを $x=-a\pm\sqrt{b}$ の公式に当てはめると

$x=4\pm\sqrt{4}$ ← $\sqrt{4}=2$

$x=4\pm2$

±を、＋の式と−の式に分けて、それぞれ $x$ を計算する。

$x=4+2=6$

$x=4-2=2$

**正解　4**

# 4 方程式と不等式（不等式）

ここがポイント！

## 不等号の向きに気をつけよう

◎ $x$は左辺、数値は右辺にまとめる

◎マイナスのかけ算、割り算をすると、不等号の向きが変わる

【例題】

次の式を解きなさい。

$2(1-x) \leqq 2x+10$

1　$x \leqq 3$

2　$x \leqq 2$

3　$x \geqq -1$

4　$x \geqq -2$

5　$x \geqq 4$

## カンタン解法

不等式の計算で注意したいのは、マイナスのかけ算や割り算をすると、不等号の向きが変わること。あとは、一次方程式と同様の方法で解くことができる。

$2(1-x) \leqq 2x+10$ ← $2(1-x)$を展開。$(2\times 1)-(2\times x)=2-2x$

$2-2x \leqq 2x+10$ ← $x$を左辺、数値を右辺にまとめる

$-2x-2x \leqq 10-2$

$-4x \leqq 8$ ← $(-4)$ を、$\div(-4)$ にして右辺に移す

マイナスの割り算なので不等号の向きが変わる

$x \geqq 8 \div (-4)$ ← 不等号の向きが、≦ から ≧ に変わった

$x \geqq -2$

**正解 4**

# 練習問題 1 方程式と不等式（不等式）

次の式を解きなさい。

(1) $4(3x-4) \geqq -3(6+x)$

1 $x \geqq \frac{34}{9}$

2 $x \geqq -\frac{15}{2}$

3 $x \leqq -\frac{2}{15}$

4 $x \geqq -\frac{2}{9}$

5 $x \geqq -\frac{2}{15}$

(2) $2(x-4)+5<3x-4$

1 $x<2$

2 $x>1$

3 $x>2$

4 $x<4$

5 $x>5$

## 解　説

(1) 式を展開してから、$x$ を左辺に、数値を右辺にまとめる。

$4(3x-4) \geqq -3(6+x)$　⇐ $4(3x-4)$を展開。$(4\times3x)-(4\times4)=12x-16$

$-3(6+x)$を展開。$(-3\times6)+(-3\times x)=-18-3x$

$12x-16 \geqq -18-3x$　⇐ $x$を左辺、数値を右辺にまとめる

$15x \geqq -2$　⇐ 15を÷15にして右辺に移す。

不等号の向きは変わらない

$x \geqq -\frac{2}{15}$

(2) マイナスのかけ算、割り算による不等号の変化に注意。

$2(x-4)+5<3x-4$　⇐ $2(x-4)$ を展開。$(2\times x)-(2\times4)=2x-8$

$2x-8+5<3x-4$　⇐ $x$ を左辺、数値を右辺にまとめる

$-x<-1$　⇐ 左右の式、両方に－１をかけ算

マイナスのかけ算なので不等号の向きが変わる

$x>1$　⇐ 不等号の向きが、＜ から ＞ に変わった

**正解**　(1) **5**　(2) **2**

# 5 数列

ここがポイント!

**隣り合った数字を比べて規則を見つける**

◉基本的な規則はこの2つ

●同じ数ずつ増える（等差）➡ 3, 5, 7…（2ずつ足し算）

●同じ数をかける（等比）➡ 3, 6, 12…（2ずつかけ算）

◉これ以外にもさまざまな規則がある。複数の規則を組み合わせたものも出題される

**【例題】**

次の数字はある規則性にしたがって並んでいる。空欄に当てはまる数字はどれか。

11, 19, 27, 35, 43, ＿, ＿,

1　52, 60

2　52, 58

3　51, 59

4　51, 58

5　52, 59

## カンタン解法

数列は、「＋８を繰り返す」という規則で並んでいる。

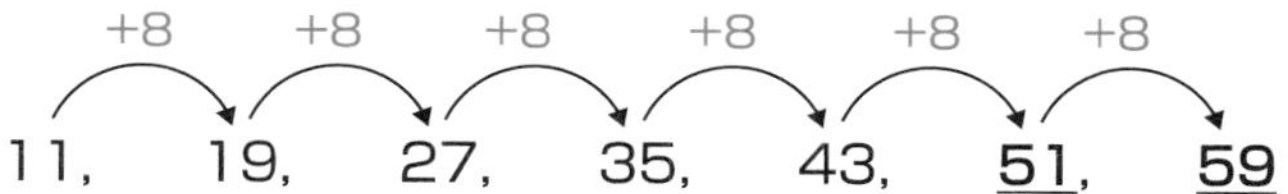


数列の解き方は以下の通り。

①隣り合った数字の差を書き出す

②規則性を見つける

基本となる規則性は２つ。

●等差数列…同じ数ずつ増える　3,5,7,9,11…（２ずつ足し算）

●等比数列…同じ数をかける　3,6,12,24,48…（２ずつかけ算）

これ以外にも、足し算とかけ算が交互に登場する、足す数が１ずつ増えていくなど、さまざまな規則の数列が出題される。練習問題に取り組み、SCOA でよく出る数列に慣れておこう。

**正解　3**

2章 数列

## 練習問題 1 数列

次の数字はある規則性にしたがって並んでいる。空欄に当てはまる数字はどれか。

(1) 38, 41, 45, 50, 56, ＿ , ＿ ,

1　63, 72
2　63, 70
3　64, 71
4　64, 72
5　63, 71

(2) 19, 28, 36, 43, 49, ＿ , ＿ ,

1　56, 60
2　54, 58
3　55, 58
4　54, 59
5　55, 59

(3) 9, 16, 13, 20, 17, ＿ , ＿ ,

1　24, 21
2　24, 22
3　23, 20
4　24, 20
5　23, 21

## 解　説

(1) 数列は、「＋３、＋４、＋５…と、足す数を１ずつ増やしていく」という規則で並んでいる。

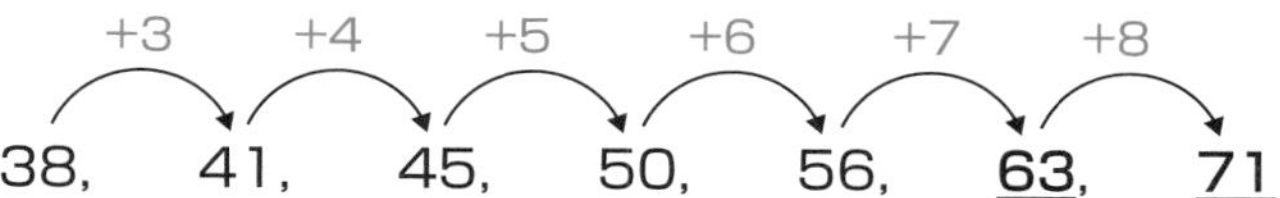


(2) 数列は、「＋９、＋８、＋７…と、足す数を１ずつ減らしていく」という規則で並んでいる。

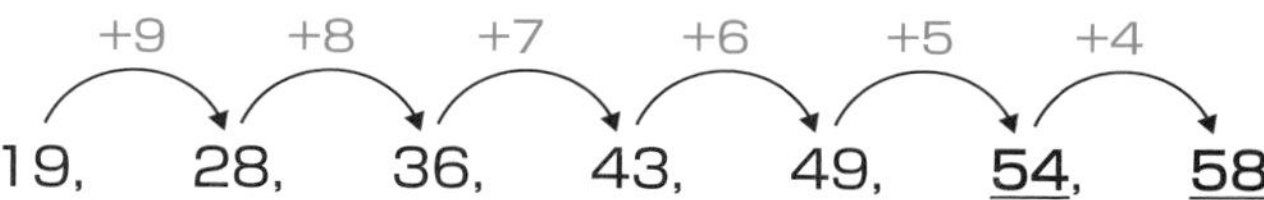


(3) 数列は、「＋７と－３を交互に繰り返す」という規則で並んでいる。

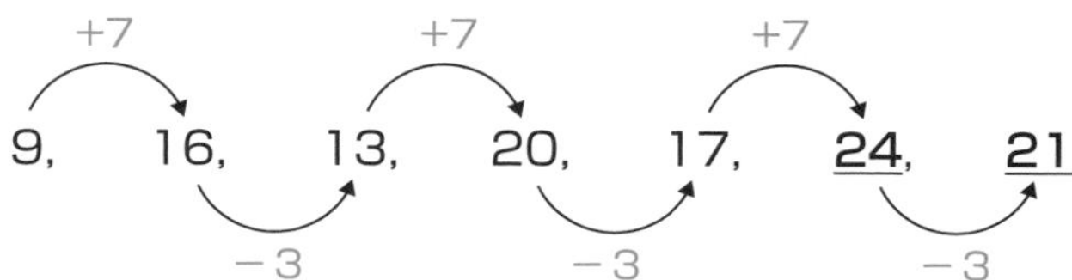


**正解**　(1) **5**　(2) **2**　(3) **1**

# 練習問題② 数列

次の数字はある規則性にしたがって並んでいる。空欄に当てはまる数字はどれか。

(1) 2, 4, 12, 24, 72, ＿, ＿,

1　216, 432

2　144, 288

3　216, 648

4　144, 432

5　96, 240

(2) 6, 14, 12, 19, 16, 22, ＿, ＿,

1　19, 23

2　18, 23

3　17, 24

4　18, 24

5　17, 23

(3) 13, 22, 21, 13, 15, 22, 19, 13, ＿, ＿,

1　12, 18

2　18, 12

3　17, 20

4　17, 22

5　18, 22

# 解 説

(1) 数列は、「×２と×３を交互に繰り返す」という規則で並んでいる。

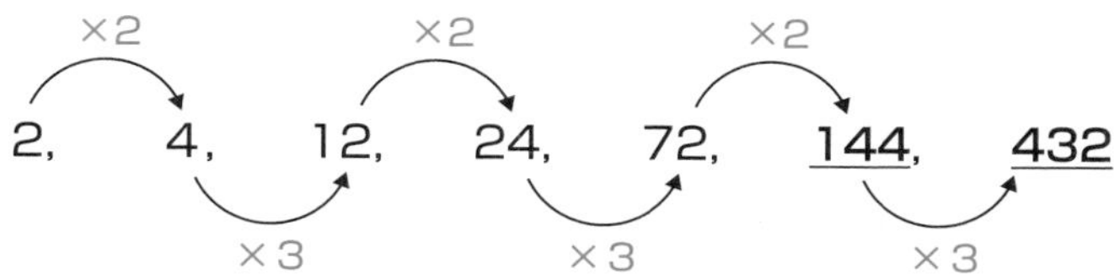


(2) 数列は、「＋８、＋７、＋６…と１ずつ足す数を減らしていく」という規則と、「－２、－３、－４…と１ずつ引く数を増やしていく」という規則を交互に繰り返している。

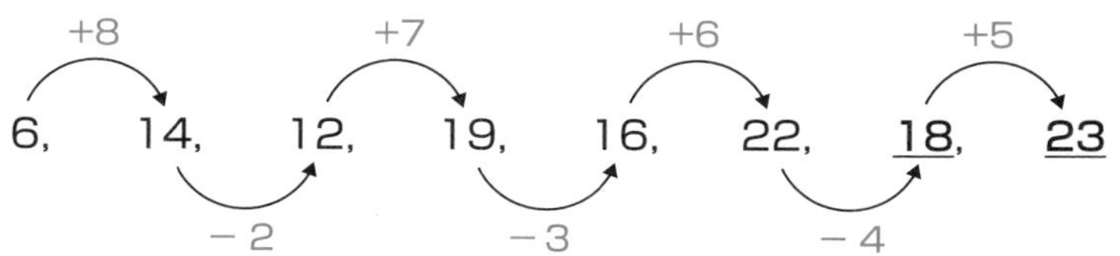


(3) 数列は、「＋９、－８、＋７…とプラスとマイナスが交互になりながら、絶対値（プラスとマイナスを除いた数字の部分）は１ずつ減っていく」という規則と、「－１、＋２、－３…とプラスとマイナスが交互になりながら、絶対値は１ずつ増えていく」という規則を交互に繰り返している。

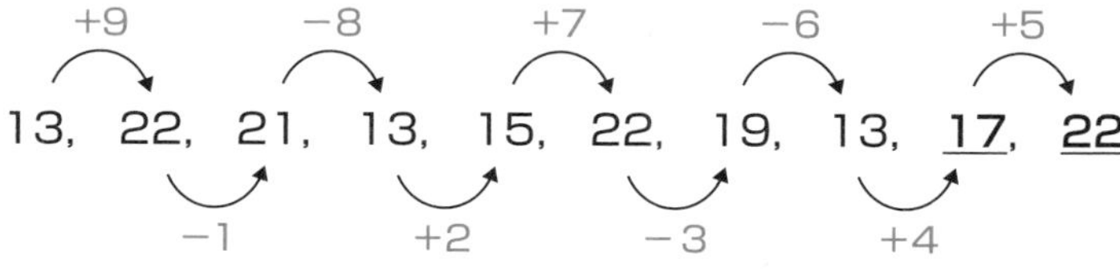


**正解**　(1) **4**　(2) **2**　(3) **4**

# 練習問題 ③ 数列

次の数字はある規則性にしたがって並んでいる。空欄に当てはまる数字はどれか。

(1) 2, 3, 5, 7, 11, 13, __ , __ ,

1　16, 19

2　15, 17

3　16, 17

4　17, 22

5　17, 19

(2) $\frac{5}{6}$ , $1\frac{2}{3}$ , 5, 20, __ , __ ,

1　80, 160

2　100, 600

3　40, 80

4　$44\frac{1}{6}$ , $88\frac{2}{3}$

5　$45\frac{5}{6}$ , $67\frac{2}{3}$

## 解　説

（1）隣り合った数字を比べて増減の規則が見つからない場合は、他の観点で考えてみる。数列は、「素数が小さいものから順に」並んでいる。素数とは、1と自分自身以外の数では割りきれない数。素数には1は含まれず、2から始まる。

2,　3,　5,　7,　11,　13,　<u>17</u>,　<u>19</u>

（2）数列は、「×2、×3、×4…とかける数を1ずつ増やしていく」という規則で並んでいる。

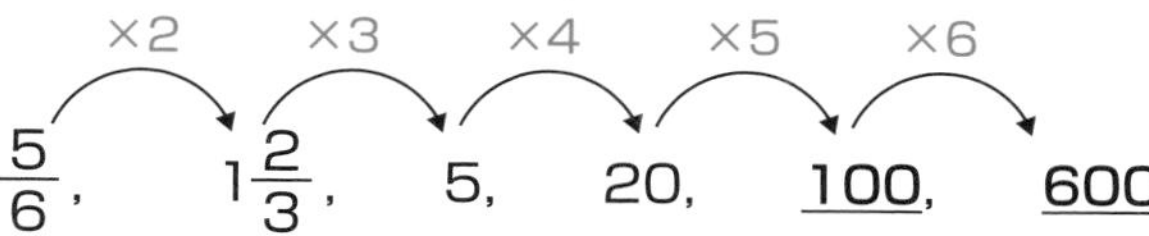


$\frac{5}{6}$,　$1\frac{2}{3}$,　5,　20,　<u>100</u>,　<u>600</u>

【補足】
分数が苦手な人は、左端から始めるのではなく、整数の5と20を比べるところから始めるとよい。

5と20 ➡ かけ算なら「×4」、足し算なら「＋15」

次に $1\frac{2}{3}$（$\frac{5}{3}$と考える）と5を比べる。

$\frac{5}{3}$と5 ➡ かけ算なら「×3」、足し算なら「$+\frac{10}{3}$」

規則性があるのはかけ算のほうで、かける数が1ずつ増えていくと予想できる。あとは、他の数値についてこの規則で正しいか確認した上で、答えを出せばよい。

**正解**　（1）**5**　（2）**2**

## 練習問題 4 数列

次の数字はある規則性にしたがって並んでいる。空欄に当てはまる数字はどれか。

(1) 11, 101, 111, 1001, ＿, ＿, (2 進法)

1 1011, 1100
2 1011, 1101
3 1010, 1011
4 1100, 1110
5 1100, 1001

(2) 1, 11, 10, 100, 11, ＿, ＿, (2 進法)

1 101, 10
2 100, 10
3 101, 100
4 100, 101
5 10, 101

# 解　説

（1）2 進法は「0」と「1」だけで表される記数法で、1 の次は 10 に桁が繰り上がる。例えば、10 進法の「1 → 2 → 3 → 4 → 5…」は、2 進法では「1 → 10 → 11 → 100 → 101…」となる。設問の数列は、「2 進法の 10 の位の数が 1 ずつ増えていく」という規則で並んでいる。

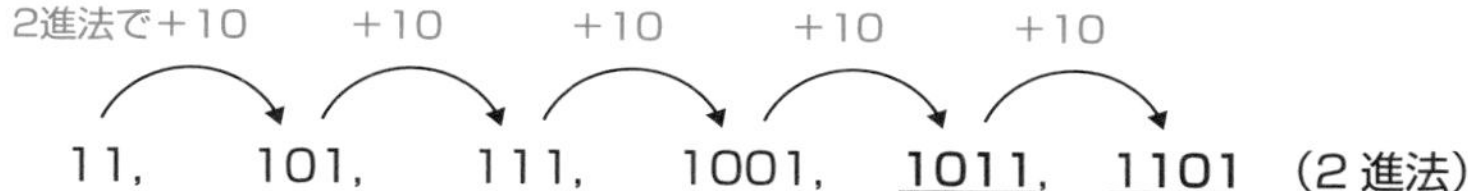


11,　101,　111,　1001,　<u>1011</u>,　<u>1101</u>　（2 進法）

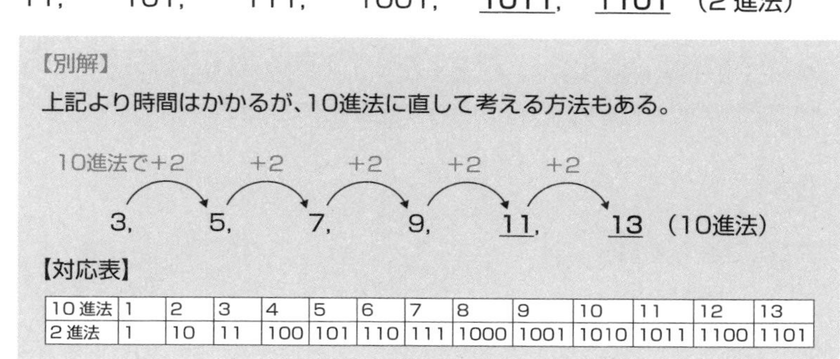


【別解】

上記より時間はかかるが、10進法に直して考える方法もある。

3,　5,　7,　9,　<u>11</u>,　<u>13</u>　（10進法）

**【対応表】**

| 10 進法 | 1 | 2 | 3 | 4 | 5 | 6 | 7 | 8 | 9 | 10 | 11 | 12 | 13 |
|---|---|---|---|---|---|---|---|---|---|---|---|---|---|
| 2 進法 | 1 | 10 | 11 | 100 | 101 | 110 | 111 | 1000 | 1001 | 1010 | 1011 | 1100 | 1101 |

（2）数列の規則は以下の通り。

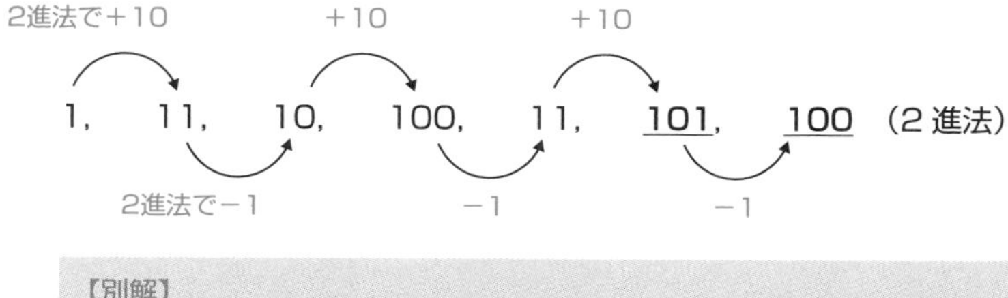


1,　11,　10,　100,　11,　<u>101</u>,　<u>100</u>　（2 進法）

【別解】

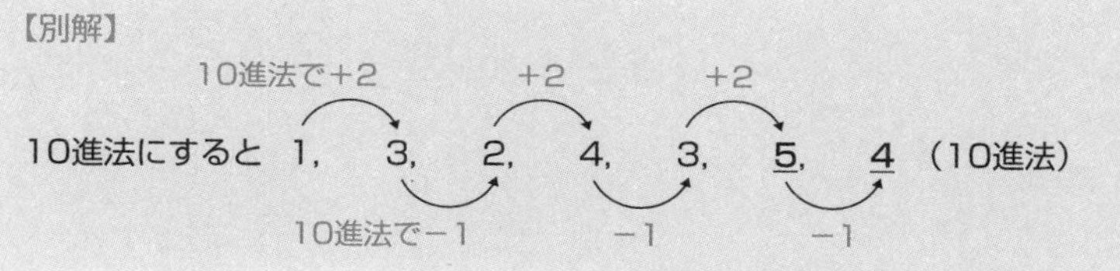


10進法にすると　1,　3,　2,　4,　3,　<u>5</u>,　<u>4</u>　（10進法）

**正解**　（1）**2**　（2）**3**

# 6 数的推理

ここがポイント!

## 数学の基礎知識と応用力が問われる

◎濃度算、水槽算、図形の問題など、さまざまな分野から出題される

◎覚えていないと答えられない知識問題も出る。数学が苦手な人は、これだけでも丸暗記しよう

**【例題】**

次の質問に答えなさい。

6％の食塩水 200g に、$x$％の食塩水100g を加えると、$y$％の食塩水ができる。
$x$、$y$ の関係式は次のうちどれか。

1　$y = 0.12x$

2　$y = 300x + 12$

3　$y = \frac{x}{3} + 4$

4　$y = 18x$

5　$y = 0.06x + 300$

## カンタン解法

この問題に登場する食塩水は①「6％の食塩水 200g」、②「$x$%の食塩水 100g」、③「①と②を足した $y$%の食塩水」の3種類。
それぞれを、食塩水の公式「食塩水の量×濃度＝食塩の量」で表すと、以下のように③は $x$ と $y$ の式になる。

①6%の食塩水200g　［200g／6%］

食塩水　濃度　食塩
200g×0.06=12g

＋

②$x$%の食塩水 100g　［100g／$x$%］

食塩水　濃度　食塩
$100\text{g}\times\frac{x}{100}=x\text{g}$

＝

③$y$%の食塩水 300g　［300g／$y$%］

食塩水　濃度　食塩
$300\text{g}\times\frac{y}{100}=12\text{g}+x\text{g}$

（300g：①②の食塩水を足すと300g）（$\frac{y}{100}$：$y$%）（12g+$x$g：①②の食塩を足すと12g+$x$g）

選択肢は「$y$ ＝」の式なので、③を「$y$ ＝」の形にする。

$$300\times\frac{y}{100}=12+x$$ ← $300\times\frac{y}{100}$ は $\frac{\overset{3}{\cancel{300}}\times y}{\underset{1}{\cancel{100}}}=3y$

$$3y=12+x$$

$$y=\frac{12+x}{3}$$ ← $\frac{12+x}{3}$ は $\frac{\overset{4}{\cancel{12}}}{\underset{1}{\cancel{3}}}+\frac{x}{3}=4+\frac{x}{3}=\frac{x}{3}+4$

$$y=\frac{x}{3}+4$$

**正解　3**

# 練習問題① 数的推理

次の質問に答えなさい。

(1) Xリットルはいる水槽がある。満水にするには、蛇口Yだけではa分、蛇口Zだけではb分かかる。YとZの両方の蛇口を使うと、満水にするのに何分かかるか。

1 $\frac{a+b}{2}$分

2 $\frac{ab}{a+b}$分

3 2ab分

4 $\frac{a+b}{ab}$分

5 $\frac{b}{a}$分

(2) 1辺がamの正方形がある。その1辺を2m長くし、隣りの1辺を5m短くした長方形を作った。もとの正方形と比べて面積はいくら減ったか。ただし、a≧5とする。

1 $3a+10m^2$

2 $a^2-10m^2$

3 $a^2+3a-10m^2$

4 $(a+2)(a-5)m^2$

5 $a^2+3m^2$

## 解　説

(1) 水槽の満水状態を1とすると、毎分の給水量は、蛇口Yは全体の$\frac{1}{a}$、蛇口Zは全体の$\frac{1}{b}$。

水槽1をa分で満たすので、1分あたりは$1 \div a$分$=\frac{1}{a}$

YとZの両方を使うと、毎分$\frac{1}{a}+\frac{1}{b}$なので、水槽を満たすのにかかる時間は、$1 \div (\frac{1}{a}+\frac{1}{b})$。このままだと選択肢にないので式を変形する。

$$1 \div (\frac{1}{a}+\frac{1}{b}) = 1 \div (\frac{b}{ab}+\frac{a}{ab}) = 1 \div \frac{b+a}{ab} = 1 \times \frac{ab}{b+a} = \frac{ab}{a+b}$$

かっこ内の分数を通分して（分母を揃える）、足し算ができるようにする

分数の割り算は、逆数（分子と分母を入れ替え）にしてかけ算にする

(2) 長方形の面積は、縦横の長さをかけ算。

$(a+2) \times (a-5)$

$=a^2-5a+2a-10$

$=a^2-3a-10$

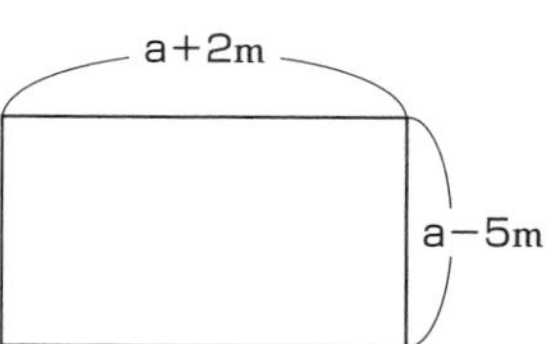


答えるのは、もとの正方形の面積より減った分。もとの正方形の面積$a \times a=a^2$から引き算する。

$a^2-(a^2-3a-10)=3a+10$

**正解**　(1) **2**　(2) **1**

# 練習問題② 数的推理

次の質問に答えなさい。

(1) $\sqrt{3}$ や $\pi$ のような数を何と呼ぶか。

1　整数

2　自然数

3　素数

4　無理数

5　虚数

(2) $3x+y=9$ を満たす正の整数 $x$、$y$ の組は何組あるか。

1　1組

2　2組

3　3組

4　4組

5　5組

## 解　説

(1) 正解は 4 の「無理数」。知識問題なので暗記しておこう。

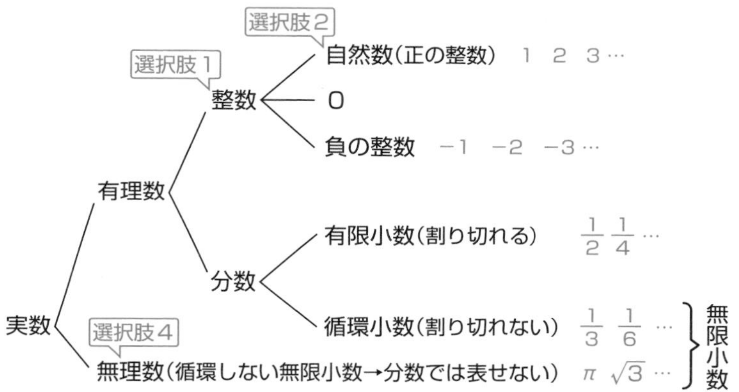


残りの選択肢のうち、3の「素数」は、1と自分自身以外の数では割り切れない数。5の「虚数」は、2乗するとマイナスになる数。

(2) $x$ も $y$ も正の整数（1より大きい整数）なので、$x=1$ から順に式が成り立つものを列挙すればよい。

| $x$ | 1 | 2 | 3 |
|---|---|---|---|
| $y$ | 6 | 3 | 0 |
| $3x+y=9$ | 3×1+6=9 | 3×2+3=9 | 3×3+0=9 |

（$x=3$ の列は×印で消されている：$y$ が正の整数ではない）

式が成り立つのは、「$x=1, y=6$」、「$x=2, y=3$」の2組だけ。

**正解　(1) 4　(2) 2**

# 練習問題 ③ 数的推理

次の質問に答えなさい。

(1) 箱の中のみかんを、同じ数ずつ何人かに配る。配る相手が４人、６人、９人のいずれの場合も、みかんは３個残る。みかんは、最も少ない場合で何個あるか。

1　27
2　15
3　33
4　21
5　39

(2) 次の計算法則のうち、誤っているのはどれか。ただし、a、b、c と m、n は実数とする。

1　$a^m a^n = a^{mn}$
2　$m(a+b) = am+bm$
3　$(ab)^n = a^n b^n$
4　$(a^m)^n = a^{mn}$
5　$abc = cba$

(1) 4、6、9の最小公倍数（4、6、9のいずれでも割り切れる数）は36。

これに3を足した39が正解。

【補足：最小公倍数の求め方】

最小公倍数を求めるには、2つ以上の数を同じ数で割り算する(例えば4、6、9なら、4と6が割り切れるのは2)。割り切れない数はそのまま下に書く。これを繰り返して、割り切れなくなったら、割り算した数と最後に残った数をかけ算する。この問題の場合、以下の通り。

```
2) 4  6  9
  ─────────
3) 2  3  9
  ─────────
   2  1  3
```

$2 \times 3 \times 2 \times 1 \times 3 = 36$

【別解】

当てはまるものを列挙する方法でも解ける。候補が少なくなるように、9人で分けて3個余った場合から始めるとよい。

9人＋3個余り　12個、21個、30個、39個…

このうち、6人で分けて3個余りに該当するのは「21個と39個」。さらに4人で分けて3個余りに該当するのは「39個」だけ。

(2) 誤っているのは、$a^m a^n = a^{mn}$。正しくは$a^m a^n = a^{m+n}$。

ピンとこない人は、具体的な数値を当てはめてみよう。

例えば、$2^2 2^3$とすると、$2^2 = 2 \times 2 = 4$、$2^3 = 2 \times 2 \times 2 = 8$だから、

$4 \times 8 = 32$。これを$a^{mn}$で計算すると

$2^{2 \times 3} = 2^6 = 2 \times 2 \times 2 \times 2 \times 2 \times 2 = 64$で間違い。

$a^{m+n}$なら、$2^{2+3} = 2^5 = 2 \times 2 \times 2 \times 2 \times 2 = 32$で正しい。

**正解**　(1) **5**　(2) **1**

# 練習問題 ④ 数的推理

次の質問に答えなさい。

(1) a、b、c の3数は、いずれも自然数であり、和は 27 である。b と c の和は a の2倍に等しく、a、b、c の3数の積は 729 である。c はいくつか。

1　5

2　6

3　7

4　8

5　9

(2) 54 の正の約数すべての和を求めなさい。ただし、1 と 54 も約数である。

1　92

2　230

3　863

4　120

5　254

## 解　説

(1) bとcの和が、aの2倍に等しいということは、右図のような関係であり、3数の和を3で割ると、aの値がわかる。

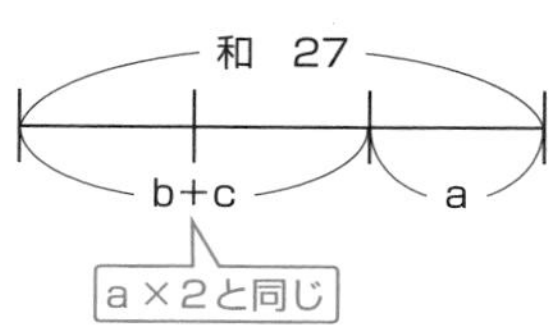


3数の和　　aの値
27　÷　3　=　9

3数の和と積から、aの値「9」を取り除くと、以下の通り。

和　27 − 9 = 18　　積　729 ÷ 9 = 81

残りの2数（bとc）は、足して18、かけて81。これに当てはまる数は9と9。よって、bもcも9。

【補足】
残りの2数を考えるときに、bとcの大小は、設問の情報だけでは判断できないことから、bとcは同じ数ではないかと予想をたててもよい。bとcが同じ数なら、18 ÷ 2 = 9だとすぐに当てはまる数にたどりつける。

(2) 約数とは、整数を割りきることができる整数のこと。答えが54となる整数どうしのかけ算を列挙すると、以下の通り。

1 × 54、2 × 27、3 × 18、6 × 9

よって、54の約数は「1, 2, 3, 6, 9, 18, 27, 54」。これを足し算すると、

1 + 2 + 3 + 6 + 9 + 18 + 27 + 54
= (1 + 9) + (2 + 18) + (3 + 27) + (6 + 54)
= 120

**正解**　(1) **5**　(2) **4**

2章 数的推理

# 練習問題 5 数的推理

次の質問に答えなさい。

(1) 商品 A に原価の 30%の利益を見込んで定価をつけたが、売れないので定価の20%引きで売ったところ、600 円の利益が出た。商品 A の原価はいくらか。

1　12000 円

2　15000 円

3　6000 円

4　18000 円

5　24000 円

(2) B 地点から C 地点まで時速 45km で行くと予定していた時間より 20 分多くかかり、時速 60km で行くと予定していた時間より 10 分少なくなる。B 地点から C 地点までの距離は何 km か。

1　60km

2　45km

3　120km

4　90km

5　100km

## 解 説

(1) 原価を $x$ 円として、売価＝売価の方程式を作る。

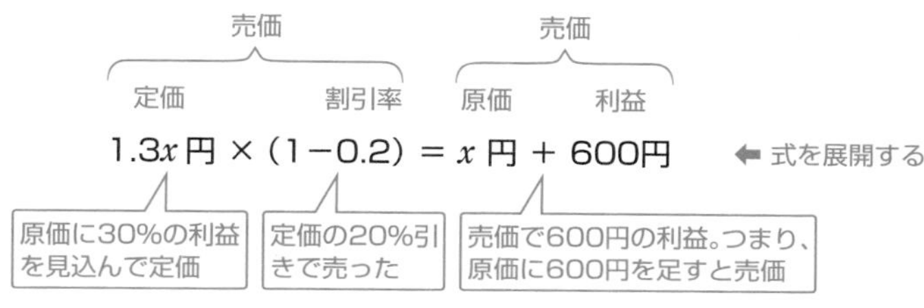


$1.04x = x + 600$　⬅ $x$ を左辺、数値を右辺にまとめる

$0.04x = 600$　⬅ × 0.04 を ÷ 0.04 にして右辺に移す

$x = 15000$

(2) 時速 45km でも、時速 60km でも行く距離は同じ。予定していた時間を $x$ 分として「時速 45km での距離＝時速 60km での距離」の方程式を作る。単位を「分」にそろえるため、時速は分速にする。

時速 45km/時 ÷ 60 ＝ $\frac{45}{60}$ ＝ $\frac{3}{4}$ km/分（分速）　　時速 60km/時 ÷ 60 ＝ 1km/分（分速）

時速 45km での距離（分速 × 予定より20分多い）＝ 時速 60km での距離（分速 × 予定より10分少ない）

$\frac{3}{4}$ km/分 ×（ $x$ ＋ 20 ）＝ 1km/分 ×（ $x$ － 10 ）

予定していた時間を $x$ 分とする

$-\frac{1}{4}x = -25$

$x = 100$

予定していた時間は 100 分。これを、どちらかの距離（方程式の左辺か右辺）の式に当てはめる。計算しやすいのは右辺の式。

1km/ 分 ×（ $x$ － 10 ）＝ 1km/ 分 ×（ 100 － 10 ）＝ 90km

**正解**　(1) **2**　(2) **4**

# 練習問題⑥ 数的推理

次の質問に答えなさい。

(1) 点（3, −2）を通り、直線$2x+3y=4$に垂直な直線の方程式は、次のうちどれか。

1　$3x+2y-13=0$

2　$3x-3y+13=0$

3　$3x-2y-13=0$

4　$3x+2y+13=0$

5　$3x+3y=17$

(2) 右の図で $p^2$ を q、r、s で表すと、次のうちどれか。

1　$qr+qs+rs$

2　$\frac{q+r+s}{qrs}$

3　$qrs$

4　$q^2+r^2+s^2$

5　$(q+s)^2+r^2$

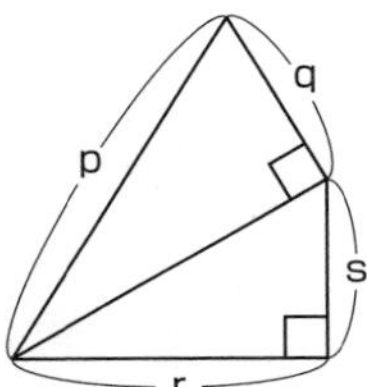

# 解説

(1) 点（3, －2）を通る方程式なので、$x$＝3、$y$＝－2を代入して式が成り立つ選択肢を選べばよい。該当する選択肢は3のみ。

$3x-2y-13=(3\times3)-(2\times-2)-13=9+4-13=0$

他の選択肢は成り立たない。例えば1の場合
$3x+2y-13=(3\times3)+(2\times-2)-13=9-4-13=-8$

【補足：垂直に交わる式の求め方】
手早いのは上記の方法だが、参考までに、垂直に交わる式を求める方法も紹介する。「$y=ax+b$」と「$y=cx+d$」が垂直に交わるとき、ac＝－1となる。設問の直線 $2x+3y=4$ を $y$＝の形にすると「$y=-\frac{2}{3}x+\frac{4}{3}$」。よって$-\frac{2}{3}$とのかけ算で－1になる$\frac{3}{2}x$の式が正解。選択肢の式を $y$＝の形にすると、$\frac{3}{2}x$となるのは3の「$y=\frac{3}{2}x-\frac{13}{2}$」だけ。

(2) 三平方の定理により、直角三角形（辺aと辺bの間の角が直角）では、「$a^2+b^2=c^2$」が成り立つ。長さが不明の辺を $x$ とすると

①の三角形は「$x^2+q^2=p^2$」

②の三角形は「$r^2+s^2=x^2$」

①の $x^2$ に②の値を代入すると

$(r^2+s^2)+q^2=p^2$

つまり、4の「$q^2+r^2+s^2$」が正解。

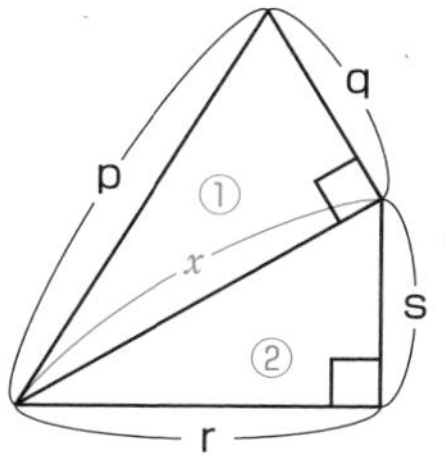


**正解**　(1) 3　(2) 4

2章 数的推理

# 練習問題 7 数的推理

次の質問に答えなさい。

(1) 右の図は、１辺の長さがｒの正方形６つからできている。灰色の部分の面積はいくらか。

1 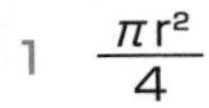 $\frac{\pi r^2}{4}$

2 $\frac{\pi r^2}{2}$

3 $r^2+\frac{\pi r^2}{4}$

4 $2r^2$

5 $\frac{3r^2}{4}$

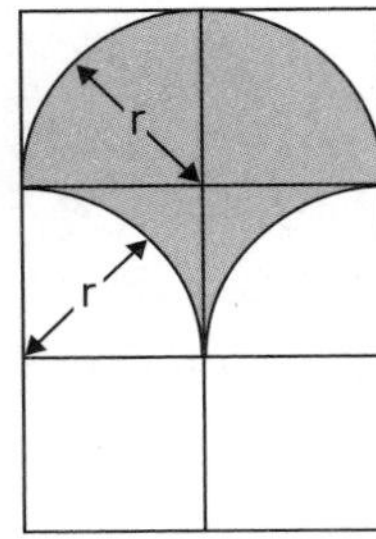


(2) 右の図では、同じ大きさの円が３つ接している。それらの接点をA、B、Cとしたときに、弧ACの長さはいくらか。ただし、円の半径はｒ、円周率はπとする。

1 $\frac{\pi r}{2}$

2 $\pi r$

3 $\frac{\pi r}{3}$

4 $\frac{2\pi r}{3}$

5 $\frac{\pi r}{6}$

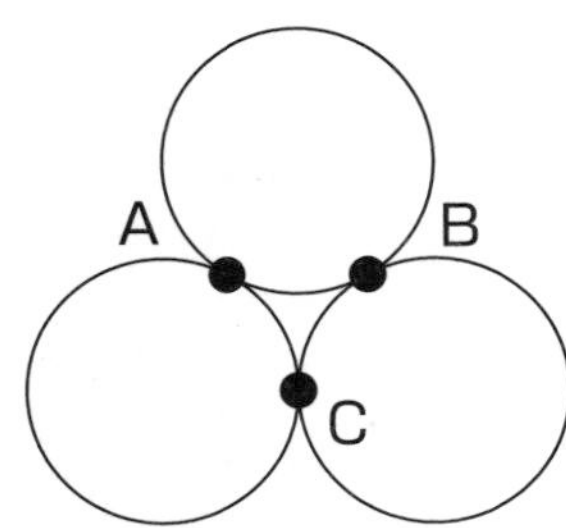

## 解　説

（1）左上と左中の正方形の灰色部分を組み合わせると、ちょうど正方形１つ分になる。同様に、右上と右中の正方形の灰色部分も、正方形１つ分になる。

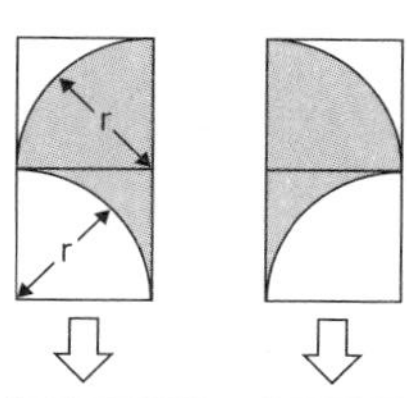


２つの正方形の灰色部分を、組み合わせると、正方形１つ分になる

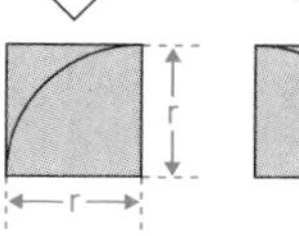


こちらも組み合わせると、正方形１つ分になる

よって、正方形２つ分の面積を求めればよい。正方形の１辺はｒ。

$$\underset{1辺}{(r} \times \underset{1辺}{r)} \times \underset{正方形2つ}{2} = \underset{2つの正方形の面積}{2r^2}$$

（2）各接点と円の中心点を結ぶと、正三角形が描ける。

円の半径はｒなので、赤い三角形は、１辺が2ｒの正三角形

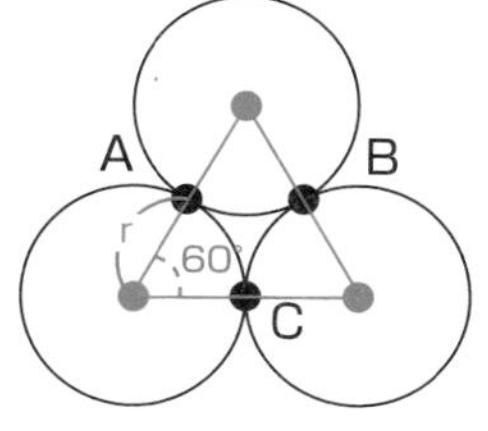


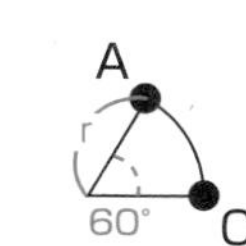


三角形は内角の和が 180°。正三角形は３つの角度が等しいので、１角は 60°。ＡＣを 60°の扇形の弧と考えると、ＡＣの長さは「扇形の弧の長さ＝直径×$\pi$×$\frac{扇形の角度}{360}$」で求められる。

$$\underset{直径}{(2r} \times \underset{\pi}{\pi)} \times \underset{扇形の角度/360}{\frac{60}{360}} = \frac{2\pi r \times \overset{1}{\cancel{60}}}{\underset{\underset{3}{\cancel{6}}}{\cancel{360}}} = \underset{扇形の弧の長さ}{\frac{\pi r}{3}}$$

**正解**　（1）**4**　（2）**3**

# 練習問題 8 数的推理

次の質問に答えなさい。

(1) 右の図で、DE ∥ BC のとき、$x$、$y$ の値は次のうちのどれか。

1　$x = 2.4$,　$y = 3.5$

2　$x = 3.2$,　$y = 4.2$

3　$x = 3$,　$y = 5$

4　$x = \frac{14}{3}$,　$y = \frac{16}{3}$

5　$x = 2$,　$y = 4$

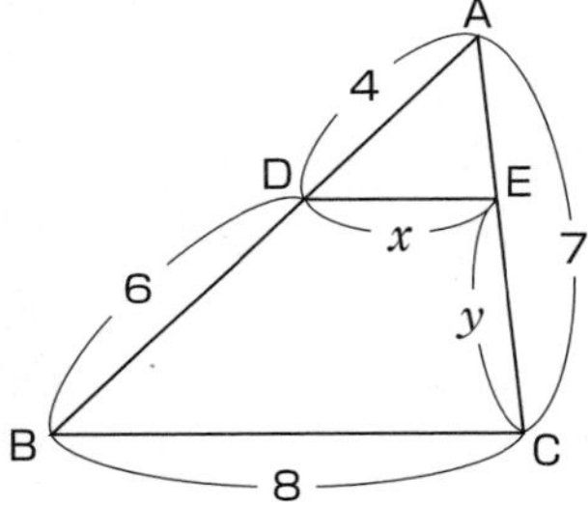


(2) 1つの外角が 24° である正多角形は正何角形か。

1　正 9 角形

2　正 12 角形

3　正 15 角形

4　正 18 角形

5　正 24 角形

## 解　説

（1）三角形ABCと、三角形ADEは相似（同じ図形を拡大、縮小したもの）。相似な図形では、対応する辺の比はすべて等しくなる。ここから、「10：4＝8：$x$」が成り立つ。同様に、辺AEを$z$とすると「10：4＝7：$z$」が成り立つ。それぞれ計算し、$x$と$z$を求める。

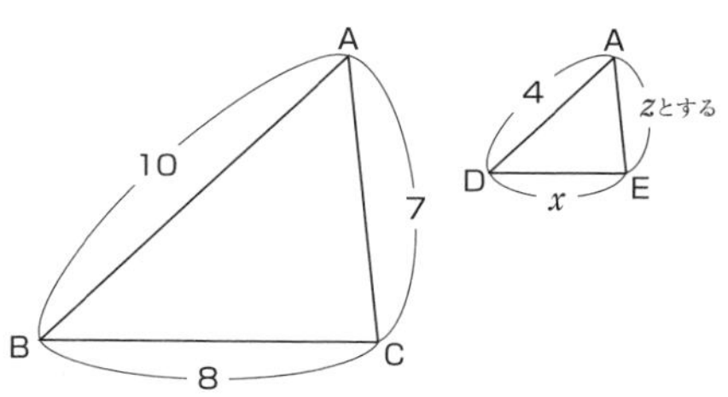


$10 : 4 = 8 : x$　　　$10 : 4 = 7 : z$

比の性質
a：b＝c：dならばad＝bc

$10x = 32$　　　$10z = 28$

$x = 3.2$　　　$z = 2.8$

よって、$x$は3.2。$y$は$7 - z$なので、$7 - 2.8 = 4.2$。

【補足】
∥は平行を表す記号。「DE∥BC」は、「DEとBCが平行」ということ。

（2）多角形の外角の和は360°。「360°÷1つの外角の角度」を計算すれば、正何角形かわかる。

| 外角の和 | | 1つの外角の角度 | | 正何角形か |
|---|---|---|---|---|
| 360° | ÷ | 24° | ＝ | 15 |

【補足】
外角は、1辺と、その隣の辺の延長との間の角のこと。

**正解**　（1）2　（2）3

## 特報 一部企業でテストをコロナ禍の前に戻す動き。オンライン監視テストは実施が続く

2020年以降、新型コロナウイルス感染症の影響で、テストセンターやペーパーテストから自宅受検型Webテストに変更する動きがありました。2023年に入り、社会が徐々に以前に戻ろうとする中で、一部の企業では2019年までの実施方式に戻す動きが見られるようになっています。

### ●2025年度の夏インターンでは玉手箱が最多。一部の企業でSPIのテストセンターへの回帰も

2025年度の夏インターンシップで最も多かったのは、昨年度と同じ玉手箱、次にSPIのWEBテスティングです。昨年度と異なるのは、SPIのテストセンター実施企業が、やや増えたことです。これまでテストセンターからWEBテスティングなどに変更していた企業の一部で、元に戻す動きがあったことや、テストセンターの自宅受検が可能になったことなどが理由と考えられます。

※2025年度から、一定の条件を満たしたインターンシップに限り、企業が参加学生の情報を本選考で使用できるようになりました（本選考開始日以降）。これもテストセンター増加の一因と考えられます。

### ●2024年度の本選考や2025年度の夏インターンでも、オンライン監視テストの実施が続く

主なオンライン監視テスト（2023年10月現在）

| テスト名 | 方式 | 説明 |
|---|---|---|
| SPI | テストセンター（2022年10月開始） | 予約時に会場受検か自宅受検かを選べる。自宅で受検するときは、パソコンのWebカメラなどを通じ、監督者が受検を監視する<br>※どの企業でも自宅受検を選べる |
| C-GAB | テストセンター | 予約時に会場受検か自宅受検かを選べる。自宅で受検するときは、パソコンのWebカメラなどを通じ、監督者が受検を監視する<br>※自宅受検を選べるようにするかどうかは企業により異なる |
| TG-WEB | 自宅受検 | 「TG-WEB eye」というテストで、AIが受検を監視する |
| SCOA | テストセンター（2022年6月開始） | 「SCOA cross」というテストで、受検者が予約時に会場受検か自宅受検かを選べる。自宅で受検するときは、パソコンのWebカメラなどを通じ、監督者が受検を監視する。出題されるテストは「SCOA-A」<br>※従来のSCOAのテストセンター（会場受検のみ）も引き続き実施 |

※SPIのWEBテスティングにはオンライン監視のオプションがありましたが、2023年10月現在では、なくなっています。

### ●実施する時期によって方式を使い分ける企業も。同系列のものを一通り対策しておこう

採用活動のオンライン化が進んでいます。採用テストの主流はWebテストやテストセンターで、今後もその傾向が続くでしょう。企業の中には、春頃はオンライン説明会後にWebテストやテストセンター、夏頃の会社での説明会ではペーパーテストというように、時期によって実施する方式を使い分けるところもあります。同系列の方式・テストを一通り対策しておくと万全です。

| | 同系列の方式・テスト | | |
|---|---|---|---|
| | 自宅受検型Webテスト | テストセンター | ペーパーテスト |
| SPI | WEBテスティング | テストセンター | ペーパーテスト |
| SHL社のテスト | 玉手箱・Web-CAB | C-GAB・C-CAB | CAB・GAB・IMAGES |
| ヒューマネージ社のテスト | TG-WEB | ヒューマネージ社のテストセンター | i9 |

※SCOAにもテストセンター、ペーパーテストがありますが、内容は同じです。
※C-CABは、テストセンターに出向いてWeb-CABの能力テストを受けるテストです。C-GABと同じ会場で実施されます。

3章
SCOA
論理

# SCOA 論理問題の概要

## 論理問題の出題範囲と出題数

| | 出題数 | 掲載ページ |
|---|---|---|
| サイコロ | 10問<br>※回転順、出た目を問う問題が各5問 | 最後の面　P.78<br>面の系列　P.86 |
| 推論 | 10問 | P.94 |
| 判断推理 | 5問 | P.102 |

※上表のデータは、SPIノートの会の独自調査によるものです。無断転載を禁じます。


SCOAの論理では、論理的な思考力や、推理力、空間把握の能力が試されます。数学の知識は、数理ほどは求められませんが、判断推理の問題を解く上ではある程度必要です。

## 論理問題の設問内容と対策

### ●サイコロ

サイコロ状の立方体を回転させたときに、上の面にくる目を考える問題です。「特定の目が最後に出ない（または出る）回転順」を選ぶ問題が5問、「指示された順に回転させたときに、上の面に出た目の順」を答える問題が5問出題されます。本書で、回転の基本ルールと、展開図の使い方を覚えましょう。

## ●推論

与えられた条件から推論して、誤り、または断定できない結論を選ぶ問題です。記号などを使って条件をうまく整理すると、すっきりとわかり、解く上での間違いも減らせます。

## ●判断推理

論理的な思考力と、推理力が求められる文章題が出題されます。出題される問題の種類は、道順の組み合わせ、数値の予想、年齢算、時計や図形と幅広くあります。

数学の知識として組み合わせの公式が必要です。覚えておきましょう。また、時計や図形などの問題では、実際に図に描いてヒントにするとアイデアが浮かびやすくなります。

論理で出題される問題のうち、問題の種類が多いのが判断推理の問題です。反対に、サイコロと推論は、出題される問題がかなり限られるため、本書で集中的に対策をすると効果が上がります。

# 1 サイコロ（最後の面）

ここがポイント!

## 回転の基本ルールと展開図の使い方を覚えよう

◎よく使う回転ルールはこの２つ
- ●側面にあるアは、反対側に１回転がせば上にくる
- ●下にあるアは、同じ方向に２回転がせば上にくる

◎アはサイコロの見えない面にある。展開図でアから１マスはさんだ目を探そう。アは、その目の裏面にある

【例題】

立方体とその展開図がある。立方体を指示された方向に回転させたとき、回転後に上の面にアが出ないものはどれか。

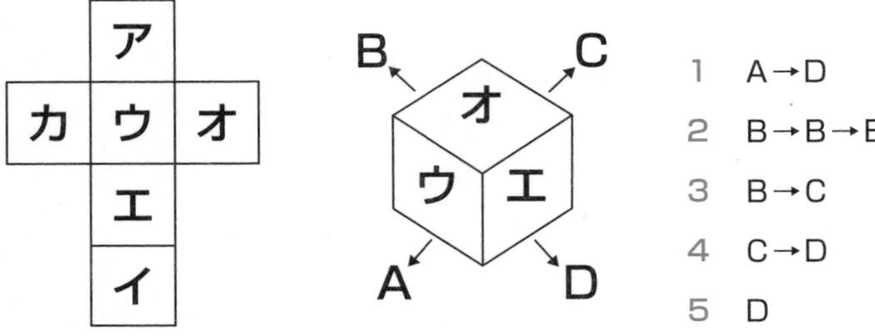


1　A→D
2　B→B→B
3　B→C
4　C→D
5　D

## カンタン解法

まず、アがサイコロ（立方体）のどの面にあるのかを、展開図で確認しよう。展開図で間に１マスはさんだ目どうしが、サイコロでは表と裏の関係になる。アとエは１マスはさんだ目どうしなのでアはエの裏。

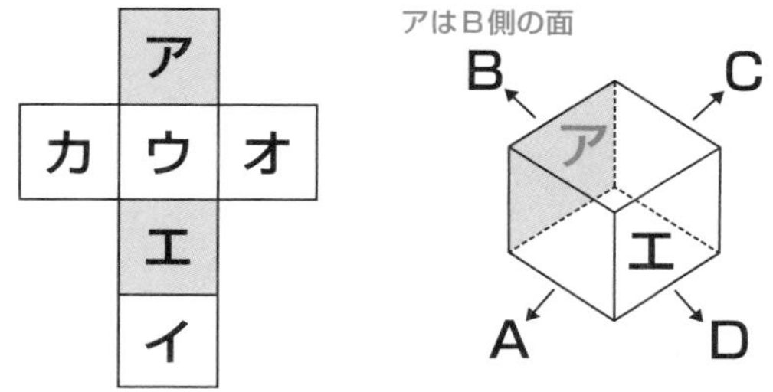


アが上にくる転がし方は、「D方向に１回」（「B方向に３回」でも同じ）。これをふまえて、選択肢を検討する。その際に、B、D以前のA、Cは無意味な回転なので省いて考える（最初にA方向かC方向に転がしても、アの位置は変わらない）。

×１　A→D　➡　「D方向に１回」なのでアが上

×２　B→B→B　➡　「B方向に３回」なのでアが上

○３　B→C　➡　回転ルールに当てはまらない（アが上と断定できず）

×４　C→D　➡　「D方向に１回」なのでアが上

×５　D　➡　「D方向に１回」なのでアが上

消去法で３が正解。念のため３の「B→C」の回転を確かめてみると、B方向への回転で「エ」が上、C方向への回転で「ウ」が上。やはりこれが正解。

**正解　３**

# 練習問題 1 サイコロ（最後の面）

立方体とその展開図がある。立方体を指示された方向に回転させたとき、回転後に上の面にアが出ないものはどれか。

（1）

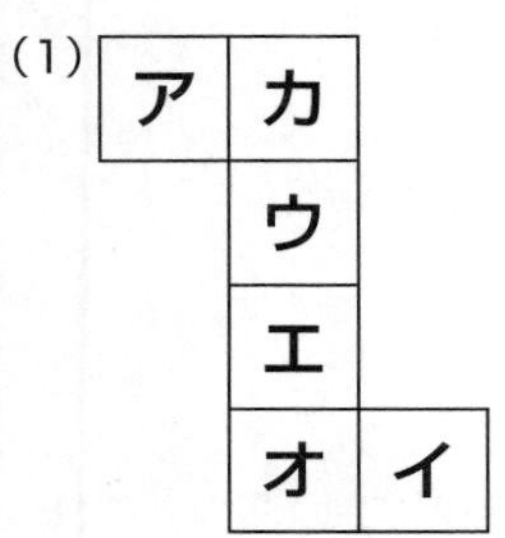


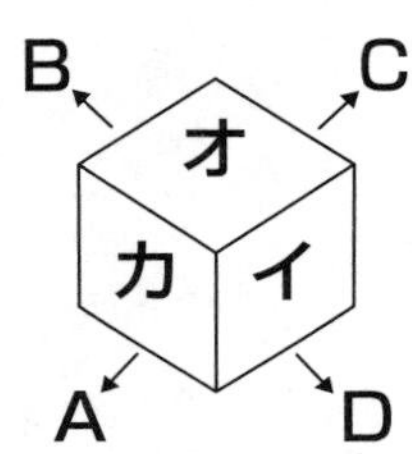


1　C→D

2　C→B

3　D→B→D

4　D

5　A→D

（2）

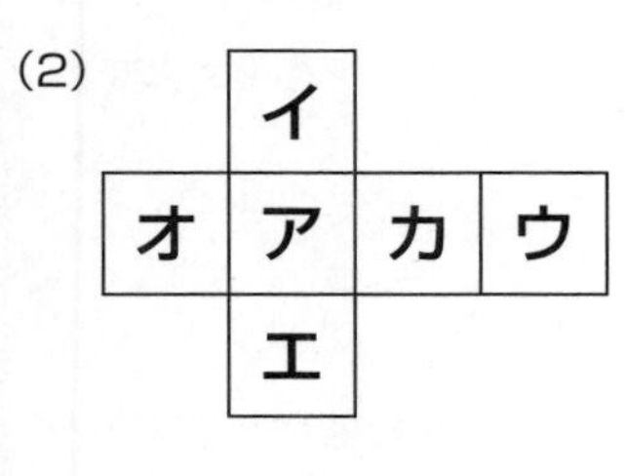


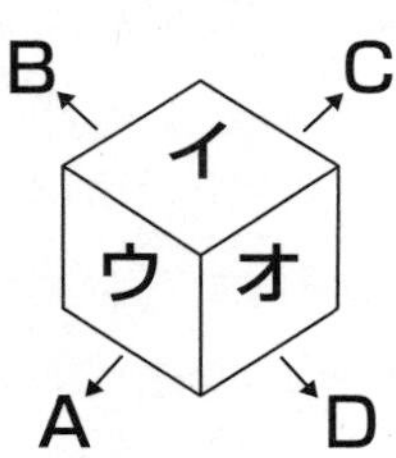


1　A

2　B→A

3　A→D→B

4　D→D→A

5　C→D→A

# 解　説

（1）展開図から、アはイの裏。

アが上にくる転がし方は「D方向に1回」。B、D以前のA、Cへの回転では、アの位置は変わらない。これらの条件から1、4、5はアが上だとわかるので不正解。

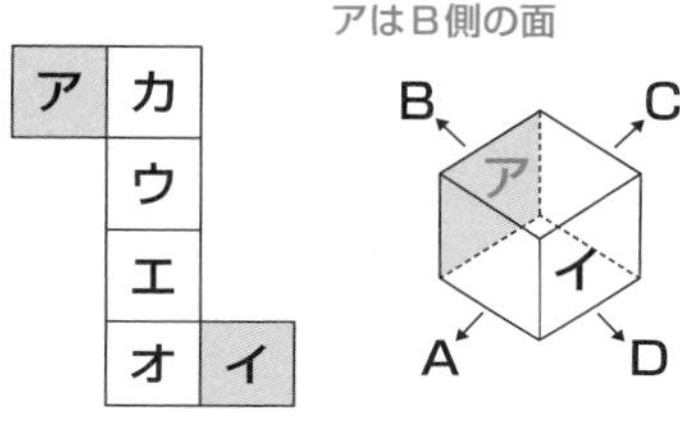


1　C→D　　4　D　　5　A→D

残る2、3のうち、2の「C→B」は、最初のCを省くと、B方向に1回なので、アは上ではない（イが上にくる）。2が正解。

（2）展開図から、アはウの裏。

アが上にくる転がし方は「A方向に1回」。A、C以前のB、Dへの回転では、アの位置は変わらない。これらの条件から1、2、4はアが上だとわかるので不正解。

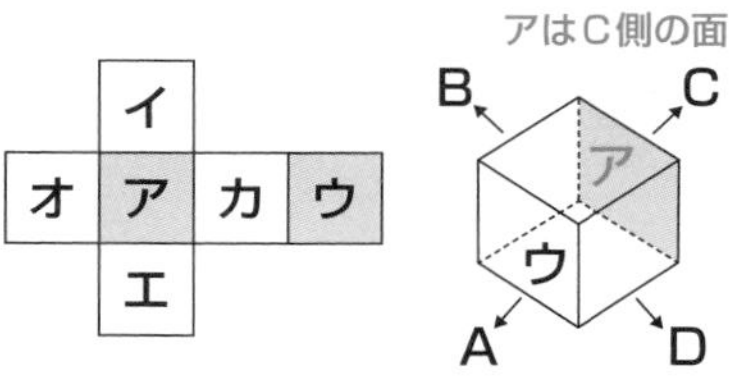


1　A　　2　B→A　　4　D→D→A

残る3、5のうち、3の「A→D→B」は、Aでアが上にきて、D→Bでは面の位置が変わらないのでアが上。残る5の「C→D→A」が正解（上の面はウ→カ→イ）。

**正解**　（1）2　（2）5

# 練習問題 2 サイコロ(最後の面)

立方体とその展開図がある。立方体を指示された方向に回転させたとき、回転後に上の面にアが出ないものはどれか。

(1)

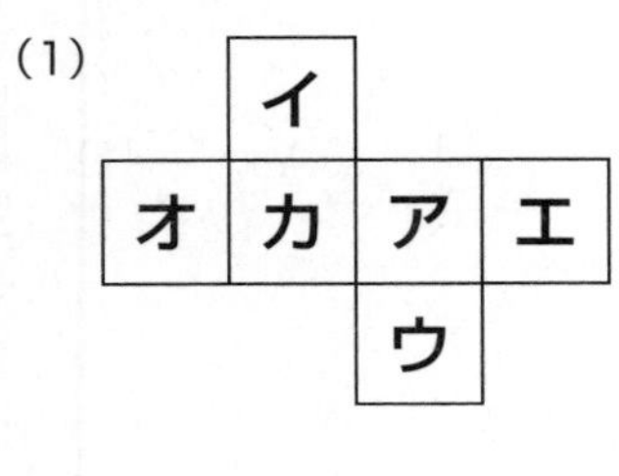


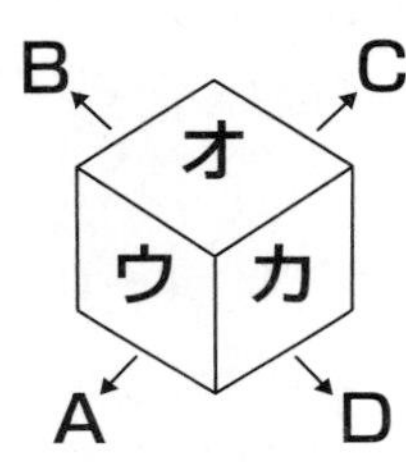


1 B→B

2 B→C→B

3 A→A

4 D→C→C

5 C→D→C

(2)

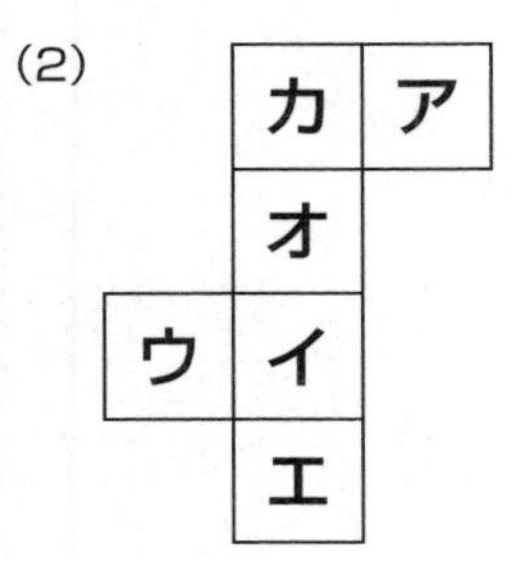


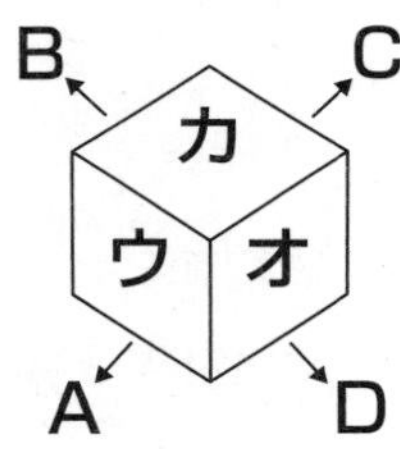


1 D→D→A

2 C→D→C→D

3 A

4 B→A

5 A→A→D

## 解説

(1) 展開図から、アはオの裏。

アが上にくる転がし方は、同じ方向に続けて2回。B→C→Bのように、間に別方向への回転をはさんでも同じ（ただし、2つ目が1つ目の反対方向でない場合）。これらの条件から1、2、3、5はアが上だとわかるので不正解。

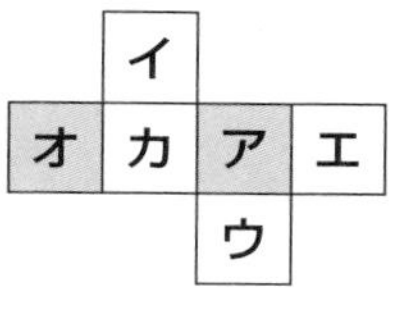


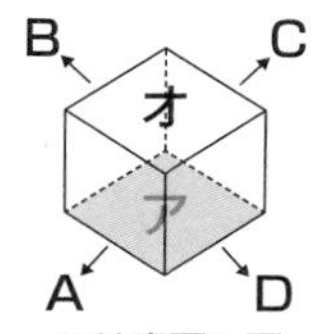

アは真下の面

1　B→B　　2　B→C→B　　3　A→A　　5　C→D→C

残る4の「D→C→C」が正解（上の面はエ→ウ→カ）。

(2) 展開図から、アはウの裏。

アが上にくる転がし方は「A方向に1回」。A、C以前のB、Dへの回転では、アの位置は変わらない。これらの条件から1、3、4はアが上だとわかるので不正解。

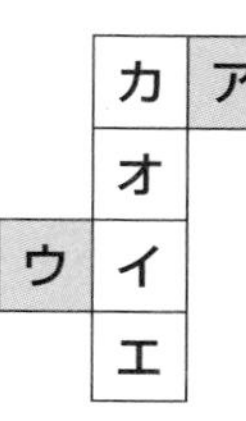


アはC側の面
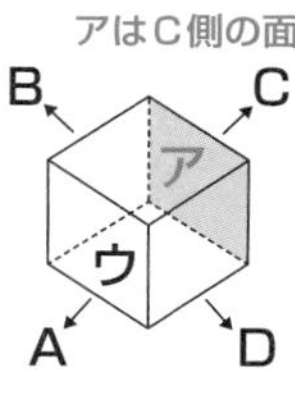


1　D→D→A　　3　A　　4　B→A

残る2、5のうち、5の「A→A→D」のアの動きに注目する。アは、A方向に2回でA側にくる。次にD方向に回転してもアはA側のまま。よって5が正解（上の面はア→イ→エ）。なお、2の「C→D→C→D」の上の面は「ウ→エ→イ→ア」で、最後にアが上にくるので、不正解。

**正解**　(1) 4　(2) 5

# 練習問題③ サイコロ（最後の面）

立方体とその展開図がある。立方体を指示された方向に回転させたとき、回転後に上の面にアが出るものはどれか。

(1)

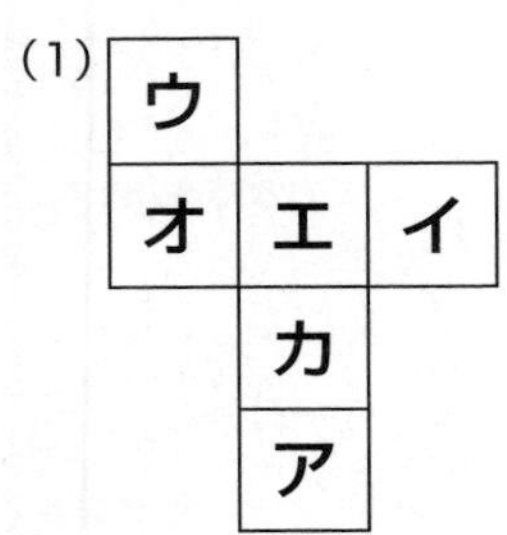


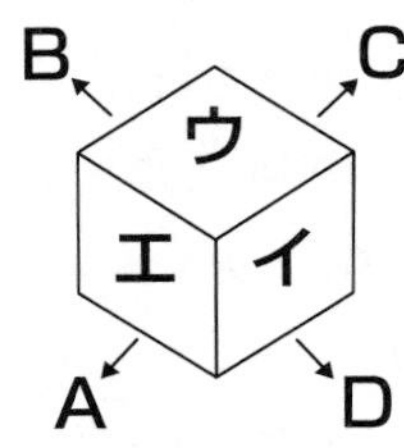


1　D
2　A→B
3　A→C→A
4　C→C
5　D→A→A

(2)

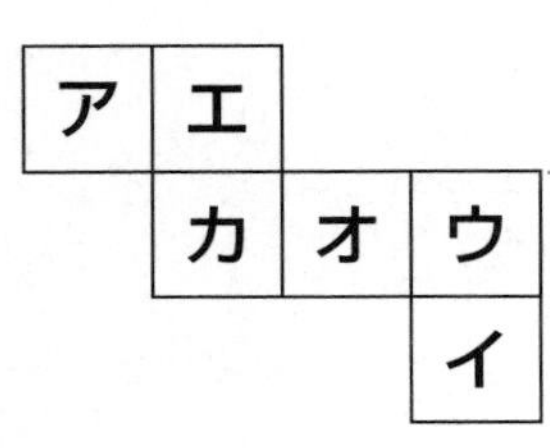


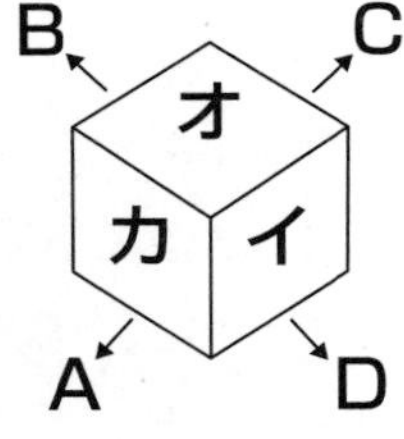


1　D→C→A
2　C→D→C
3　D→A
4　A→A→A
5　B→C

# 解説

(1) 今度は、回転後に上の面にアが出るものを答える。考え方は、これまでの問題と同じ。展開図から、アはエの裏。

アが上にくる転がし方は「A方向に1回」。3の「A→C→A」は、反対方向の「A→C」を省くと「A」となり、「A方向に1回」で正解（上の面はア→ウ→ア）。

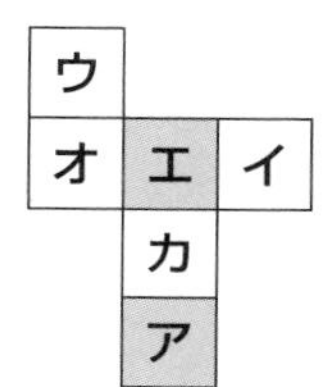


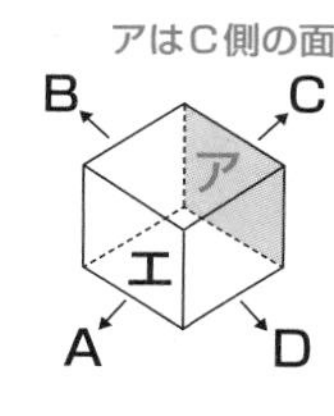


(2) 回転後に上の面にアが出るものを答える。展開図から、アはオの裏。

アが上にくる転がし方は、同じ方向に続けて2回。別方向への回転をはさんでも同じ（ただし、2つ目が1つ目の反対方向でない場合）。これらの条件から、2の「C→D→C」が正解（上の面はカ→エ→ア）。

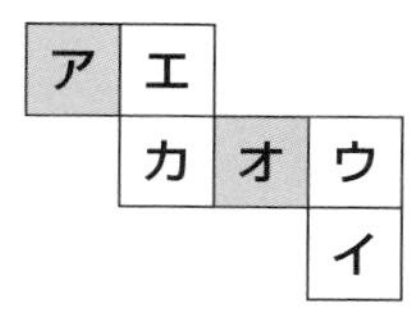


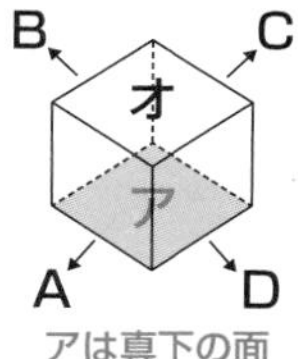


【補足】
展開図の裏と表の関係は右図の通り。同じ色のマスがサイコロの表と裏。
※1マスはさんだ目で表と裏がわかるのはウ・カだけ。残りは「展開図でL字並びの3面は、サイコロで隣なので表と裏ではない」ことから、消去法で考える。オはエ・カ・オでL字、オ・ウ・イでL字。オの裏として考えられるのは、残るアだけ。よって、アはオの裏。最後に残ったイ・エも表と裏。

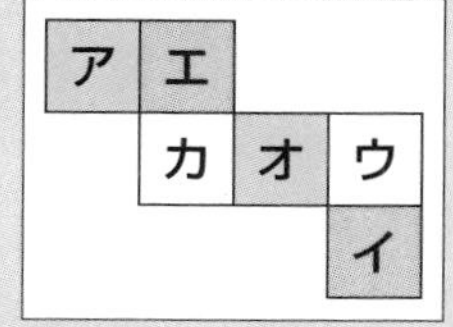


**正解**　(1) 3　(2) 2

# ② サイコロ（面の系列）

ここがポイント！

## 目の変化を図にしよう

◉展開図で間に 1 マスはさんだ目どうしが表と裏の関係

◉回転ごとの目の変化を図にすると、次の回転が考えやすい

【例題】

立方体とその展開図がある。図の状態から、A～Dの指示された方向に回転したとき、上の面にでたカタカナの系列として正しいものはどれか。

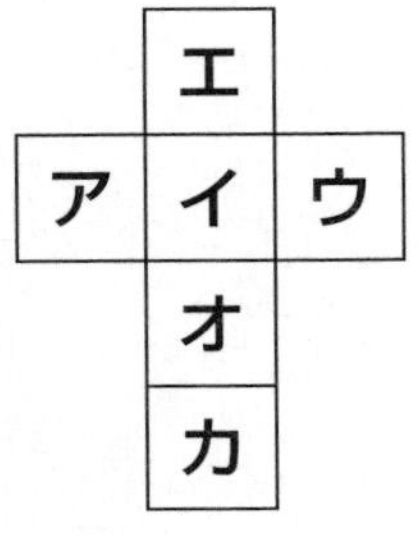


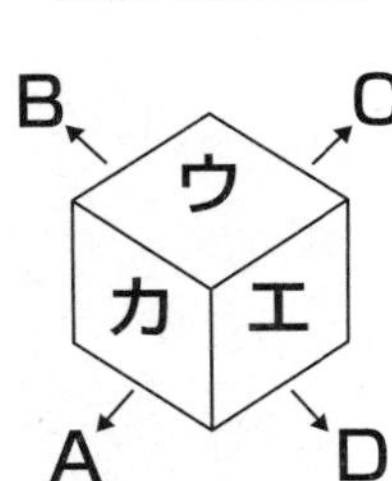


1　ウ→イ→オ→ア

2　ウ→オ→イ→ア

3　ウ→オ→ア→エ

4　ウ→オ→イ→ウ

5　ウ→イ→カ→イ

## カンタン解法

展開図で間に１マスはさんだ目どうしが、サイコロでは表と裏の関係になる。

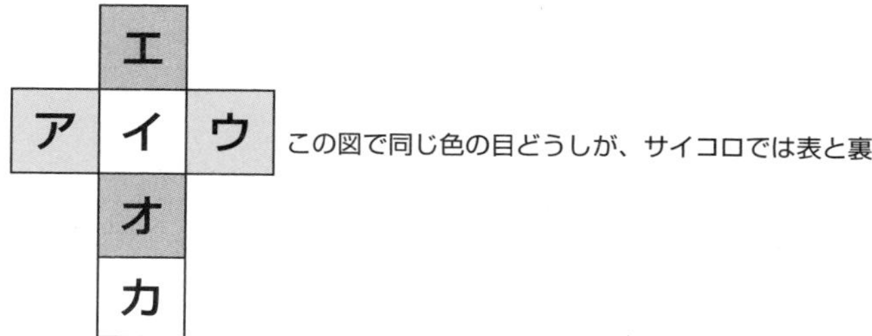


D→A→Dの回転を考える。最初の回転では、オ（エの裏）が上になる。ウはD側に移り、カの位置は変わらない。同様に以降の回転を考えると、上の面はウ→オ→イ→アとなり、2が正解。

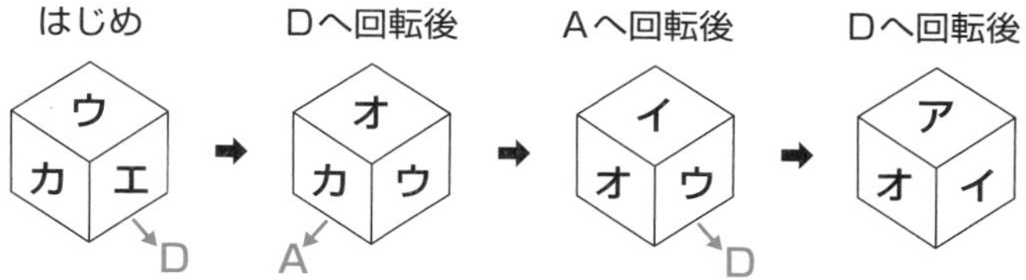


【別解】

下の目は同じ方向に2回転がせば上にくる。間に別方向への回転をはさんでもよい。よって、D→A→Dで最後に上にくるのはア（ウの裏）。該当する選択肢は1と2だが、最初の回転で上にくるのはオなので2が正解。

**正解　2**

# 練習問題 1 サイコロ（面の系列）

立方体とその展開図がある。図の状態から、A～Dの指示された方向に回転したとき、上の面にでたカタカナの系列として正しいものはどれか。

(1)

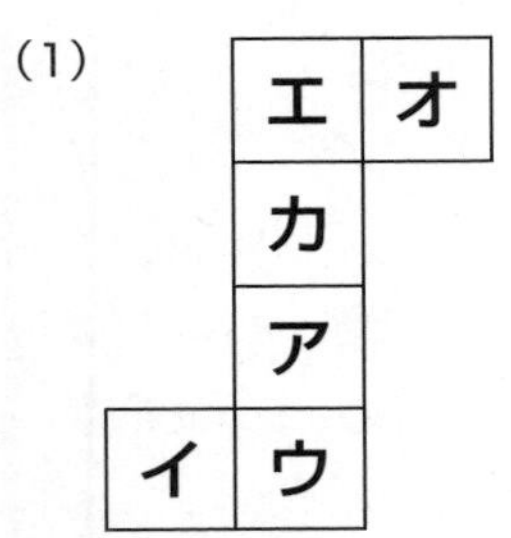


D→C→B

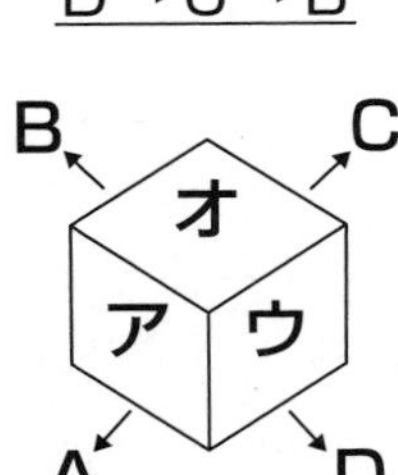


1　オ→エ→ア→ウ
2　オ→カ→エ→イ
3　オ→カ→ア→ウ
4　オ→エ→カ→オ
5　オ→カ→ア→オ

(2)

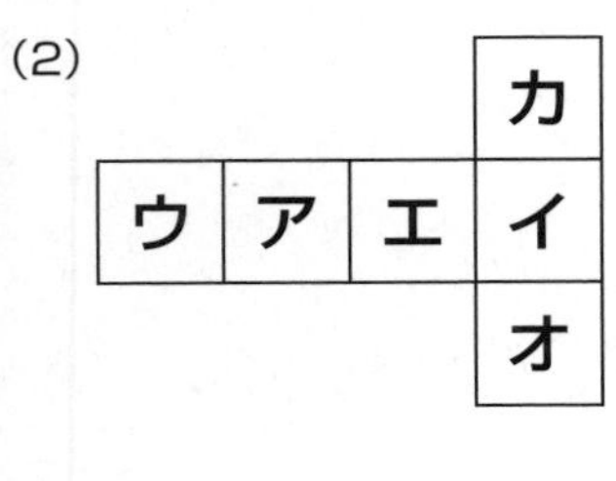


B→A→A

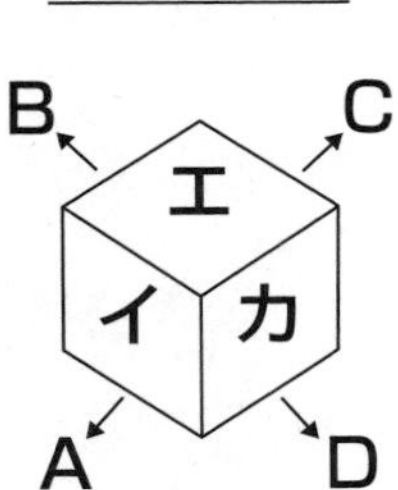


1　エ→ア→カ→オ
2　エ→カ→ア→ウ
3　エ→カ→ア→オ
4　エ→カ→ウ→ア
5　エ→ア→ウ→ア

## 解説

（1）上の面は、オ→カ→ア→オなので5が正解。

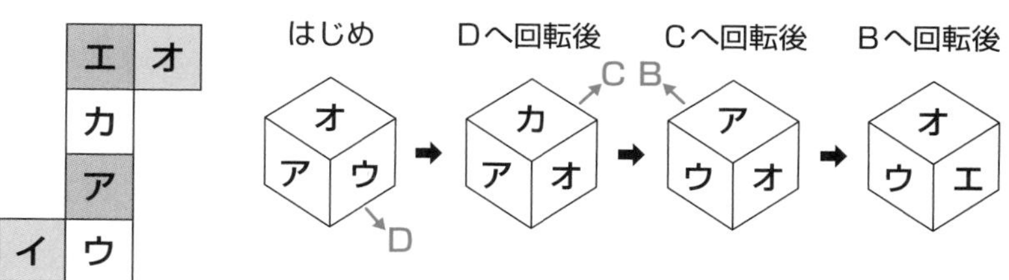


同じ色のマスがサイコロの表と裏

【別解】
反対方向に回転すると、もとの目が上にくる。間に別方向への回転をはさんでもよい。よって、D→C→Bで最後に上にくるのはオ。該当する選択肢は4と5だが、最初の回転で上にくるのはカなので5が正解。

（2）上の面は、エ→カ→ア→オなので3が正解。

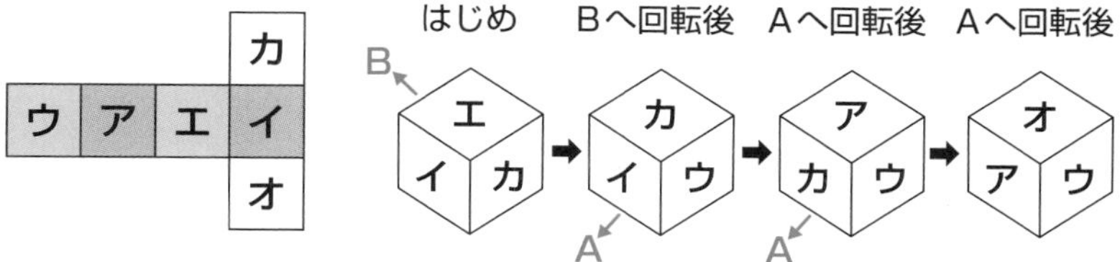


同じ色のマスがサイコロの表と裏

【別解】
最初の回転でカが上。下の目は同じ方向に2回転がせば上にくるので、A→Aで上にくるのはオ（カの裏）。最初の回転でカ、最後の回転でオとなる選択肢は3だけ。

**正解**　（1）5　（2）3

# 練習問題② サイコロ（面の系列）

立方体とその展開図がある。図の状態から、A～Dの指示された方向に回転したとき、上の面にでたカタカナの系列として正しいものはどれか。

(1)

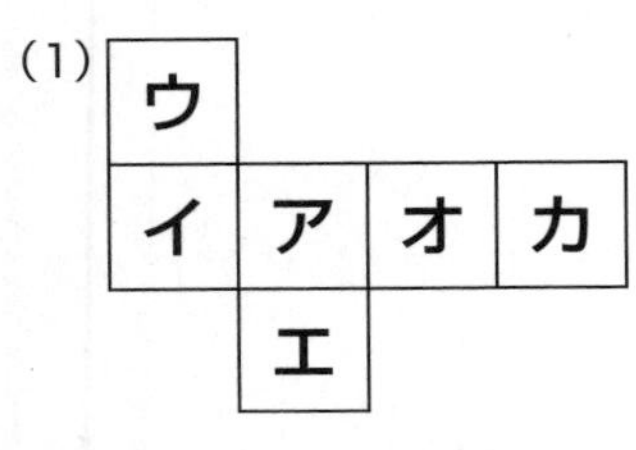


A→B→A

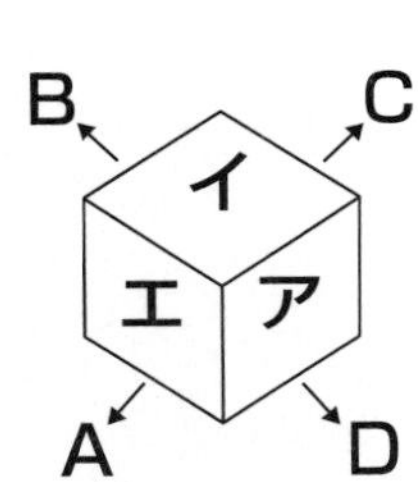


1　イ→ウ→カ→オ
2　イ→ウ→カ→エ
3　イ→ウ→ア→エ
4　イ→ウ→ア→オ
5　イ→ウ→ア→カ

(2)

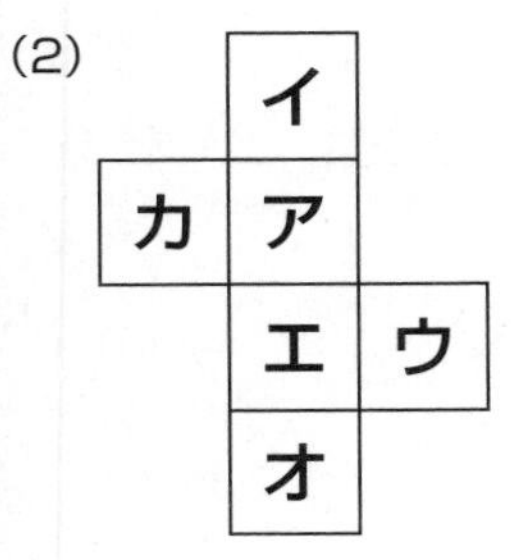


C→C→D

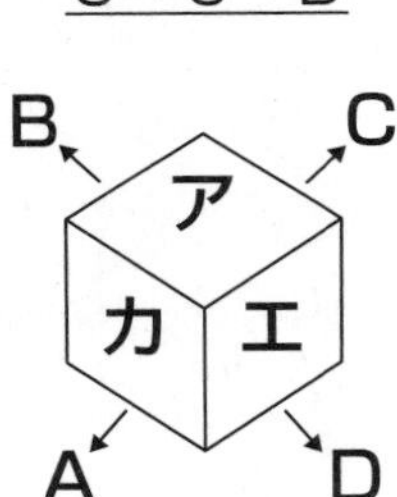


1　ア→カ→オ→イ
2　ア→カ→オ→ウ
3　ア→カ→ウ→イ
4　ア→エ→ウ→イ
5　ア→エ→オ→イ

## 解　説

(1) 上の面は、イ→ウ→ア→オなので4が正解。

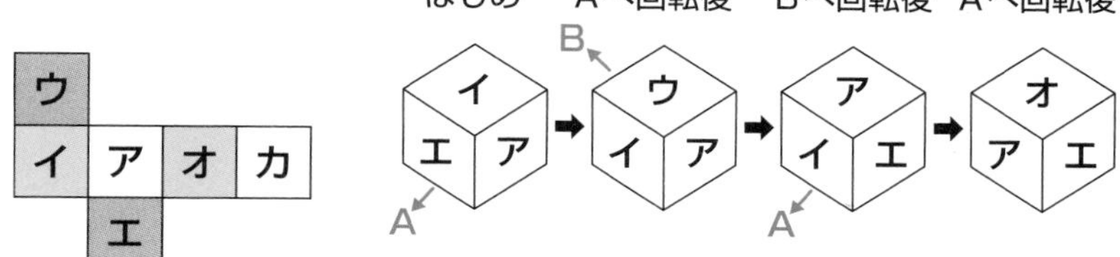


同じ色のマスがサイコロの表と裏

【別解】
下の目は同じ方向に2回転がせば上にくる。間に別方向への回転をはさんでもよい。よって、A→B→Aで最後に上にくるのはオ。該当する選択肢は1と4。最初のAでアの位置は変わらないので、次のBでアが上にくる4が正解。

(2) 上の面は、ア→カ→オ→イなので1が正解。

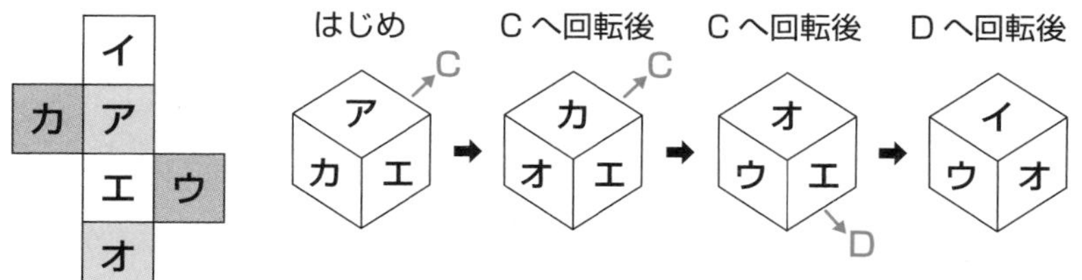


同じ色のマスがサイコロの表と裏

**正解**　(1) 4　(2) 1

# 練習問題 3 サイコロ（面の系列）

立方体とその展開図がある。図の状態から、A～Dの指示された方向に回転したとき、上の面にでたカタカナの系列として正しいものはどれか。

(1)

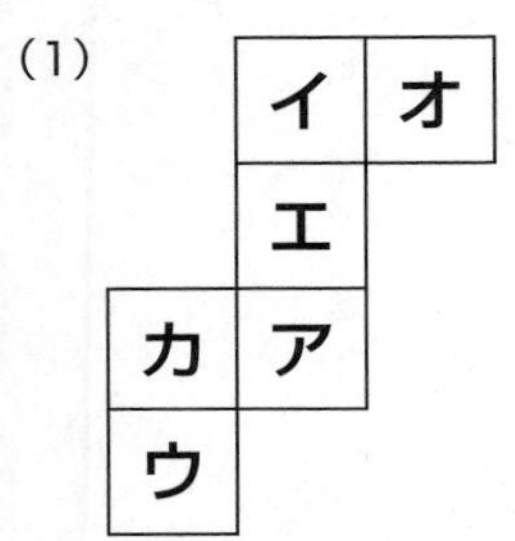


C→B→B

B C
エ
カ ア
A D

1　エ→カ→オ→ウ
2　エ→ア→カ→イ
3　エ→カ→ア→オ
4　エ→カ→オ→イ
5　エ→ア→ウ→カ

(2)

ウ
エ ア
カ イ
オ

B→A→D

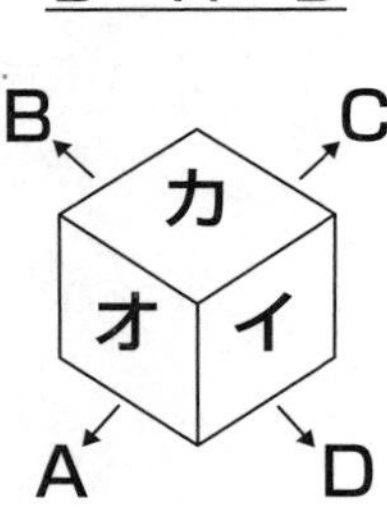


1　カ→イ→ア→オ
2　カ→イ→カ→ア
3　カ→イ→ア→ウ
4　カ→イ→ア→カ
5　カ→イ→カ→ウ

## 解　説

(1) 上の面は、エ→カ→ア→オなので3が正解。

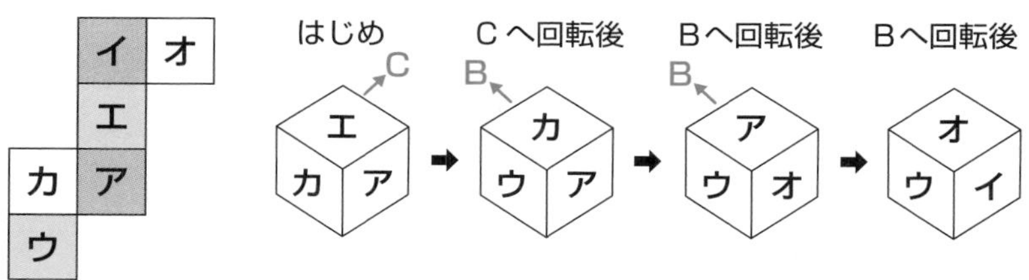


同じ色のマスがサイコロの表と裏

※1マスはさんだ目で表と裏がわかるのはア・イだけ。残りは「展開図やサイコロで隣なら、表と裏ではない」ことから、消去法で考える。カは、展開図でウと隣、サイコロでエと隣。残るオが、カと表と裏。最後に残ったウ・エも表と裏。

【別解】
最初の回転でカが上。次の回転でアが上。該当する選択肢は3だけ。

(2) 上の面は、カ→イ→ア→カなので4が正解。

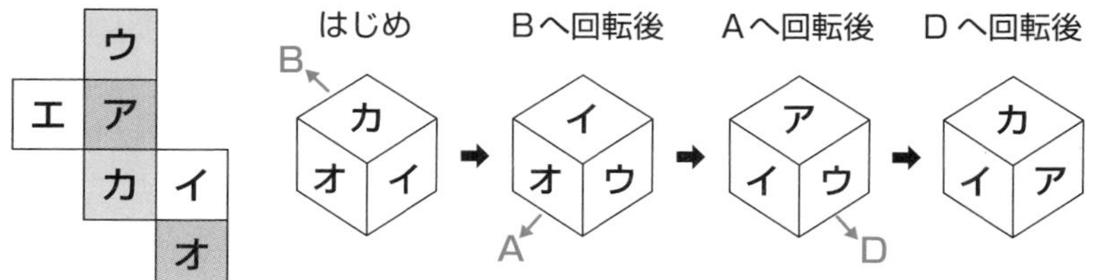


同じ色のマスがサイコロの表と裏

※1マスはさんだ目で表と裏がわかるのはウ・カだけ。残りは「展開図でL字並びの3面は、サイコロで隣なので表と裏ではない」ことから消去法で考える。イはア・カ・イでL字、カ・イ・オでL字。残るエが、イと表と裏。最後に残ったア・オも表と裏。

【別解】
反対方向に回転すると、もとの目が上にくる。間に別方向への回転をはさんでもよい。よって、B→A→Dで最後に上にくるのはカ。該当する選択肢は4だけ。

**正解**　(1) 3　(2) 4

3章 サイコロ(面の系列)

# ③ 推論

ここがポイント!

**条件を記号や図にまとめて、すっきりさせる**

◎複数の条件を整理して推論する。条件は、記号や図にまとめるとすっきりわかる

A＞B
B＞C
➡ A＞B＞C　　A、B、Cの順に大きい場合の略記

◎ひとつでも違う可能性があれば「断定できない」

**【例題】**

問題のワク内に書かれていることを前提として、推論（ア）～（オ）の中で、あきらかに誤りであるものか、あるいは与えられた前提だけからでは、はっきりと断定できないものの記号を選び、その組み合わせを番号で答えなさい。

| Sは T よりも小さい<br>Uは T よりも小さい |
|---|

（ア）Uが１番小さい
（イ）SとUは等しい
（ウ）Tが１番大きい
（エ）TはUよりも大きい
（オ）TはSよりも大きい

1　（ア）（イ）
2　（ウ）（オ）
3　（ア）（エ）
4　（イ）（オ）
5　（ア）（ウ）

## カンタン解法

ワク内の記述、「SはTよりも小さい」と「UはTよりも小さい」を前提として、(ア)～(オ)が正しいか検討する。あきらかに誤りのもの、または前提条件だけでは断定できないものを選び、その組み合わせを番号で答える。

最初に、ワク内の記述を、記号を使って簡潔にまとめる。

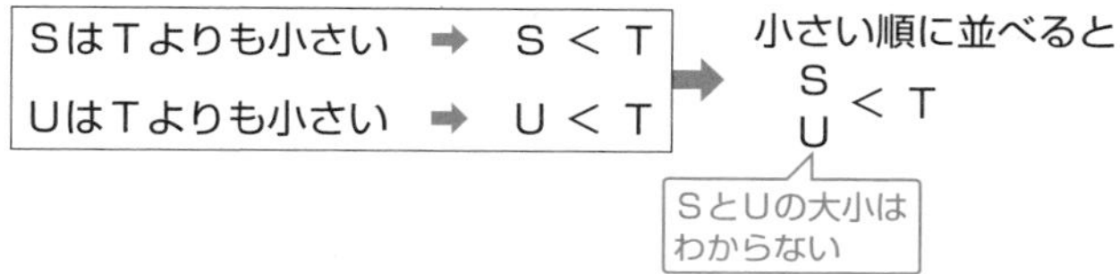


次に、(ア)～(オ)から、誤りまたは断定できないものを選ぶ。該当するのは(ア)と(イ)。

(ア) Uが1番小さい

➡ 1番小さいのは、SかUかわからないので断定できない。

(イ) SとUは等しい

➡ SとUの大小は、わからないので断定できない。

**正解 1**

3章 推論

# 練習問題 1 推論

各問題のワク内に書かれていることを前提として、推論（ア）～（オ）の中で、あきらかに誤りであるものか、あるいは与えられた前提だけからでは、はっきりと断定できないものの記号を選び、その組み合わせを番号で答えなさい。

(1)

| 田中氏は鈴木氏より年上である<br>伊藤氏は田中氏より年上である<br>小林氏は田中氏より年下である |
|---|

（ア）田中氏は伊藤氏より若い
（イ）小林氏は伊藤氏より年下である
（ウ）小林氏は田中氏より年上である
（エ）伊藤氏が最年長である
（オ）鈴木氏が１番若い

1　（ウ）（エ）
2　（ウ）（オ）
3　（イ）（ウ）
4　（イ）（エ）
5　（エ）（オ）

(2)

| タンポポはアヤメより早く咲く<br>バラはタンポポより遅く咲く<br>パンジーはタンポポより早く咲く<br>４種類の中で最後に咲くのはアヤメではない |
|---|

（ア）タンポポが２番目に早く咲く
（イ）パンジーが１番遅く咲く
（ウ）１番早く咲くのはパンジーである
（エ）アヤメはバラより遅く咲く
（オ）バラが１番遅く咲く

1　（ア）（イ）
2　（イ）（オ）
3　（イ）（エ）
4　（ウ）（エ）
5　（エ）（オ）

## 解　説

(1) ワク内の条件をまとめると以下の通り。

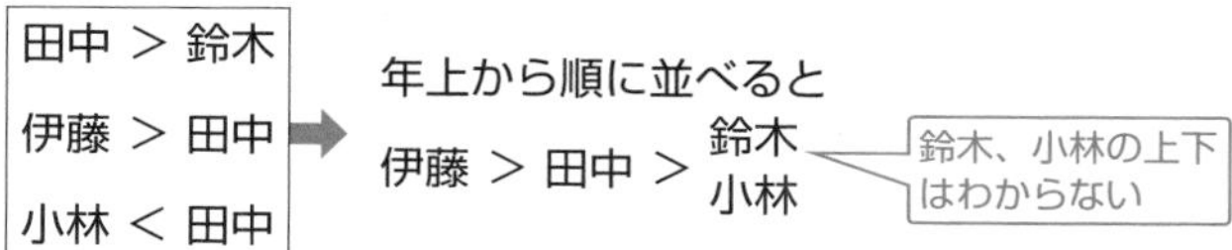


よって、誤りまたは断定できないのは（ウ）と（オ）。

（ウ）小林氏は田中氏より年上である

➡ 年上なのは、小林氏ではなく田中氏。誤り。

（オ）鈴木氏が１番若い

➡ １番若いのは、鈴木氏か小林氏かわからないので断定できない。

(2) ワク内の条件をまとめると以下の通り。

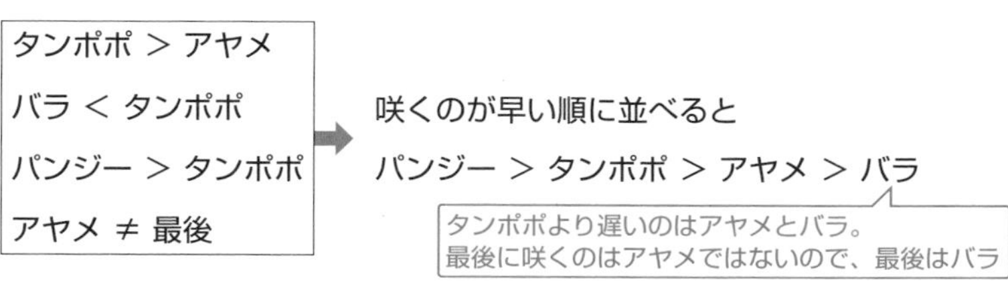


よって、誤りまたは断定できないのは（イ）と（エ）。

（イ）パンジーが１番遅く咲く

➡ パンジーは、１番早く咲くので誤り。

（エ）アヤメはバラより遅く咲く

➡ アヤメは、バラより早く咲くので誤り。

**正解**　（1）**2**　（2）**3**

# 練習問題② 推論

各問題のワク内に書かれていることを前提として、推論（ア）～（オ）の中で、あきらかに誤りであるものか、あるいは与えられた前提だけからでは、はっきりと断定できないものの記号を選び、その組み合わせを番号で答えなさい。

（1）

| Sは Eより背が高い<br>EとHは背の高さが同じである<br>HはKより背が高い<br>TはKより背が低い<br>YはSより背が高い |
|---|

（ア）Tが１番背が低い　　1　（イ）（エ）
（イ）EはTより背が高い　　2　（ア）（ウ）
（ウ）HはSより低く、Kよりは高い　　3　（ウ）（オ）
（エ）SはKより背が低い　　4　（エ）（オ）
（オ）EはYより背が高い　　5　（ア）（イ）

（2）

| ウィーンはミラノよりも暖かく、ホノルルよりは涼しい<br>ワルシャワはミラノよりも涼しい<br>東京はウィーンよりも暖かく、ローマと同じであった |
|---|

（ア）ミラノはウィーンよりも涼しい　　1　（ア）（イ）
（イ）ホノルルは東京よりも暖かい　　2　（ウ）（エ）
（ウ）ワルシャワが１番涼しい　　3　（エ）（オ）
（エ）ローマはウィーンよりもミラノよりも涼しい　　4　（ア）（ウ）
（オ）東京はミラノよりも暖かい　　5　（イ）（エ）

## 解　説

（1）ワク内の条件をまとめると以下の通り。

| |
|---|
| S ＞ E |
| E ＝ H |
| H ＞ K |
| T ＜ K |
| Y ＞ S |

➡ 背が高い順に並べると

Y ＞ S ＞ E＝H ＞ K ＞ T

よって、誤りまたは断定できないのは（エ）と（オ）。

（エ）SはKより背が低い ➡ Sのほうが高いので誤り。

（オ）EはYより背が高い ➡ Eのほうが低いので誤り。

（2）ワク内の条件をまとめると以下の通り。

| |
|---|
| ホノルル ＞ ウィーン＞ミラノ |
| ワルシャワ ＜ ミラノ |
| 東京＝ローマ ＞ ウィーン |

⬇

暖かい順に並べると

東京＝ローマ<br>
　ホノルル ＞ ウィーン ＞ ミラノ ＞ ワルシャワ

東京（＝ローマ）とホノルルのどちらが暖かいかはわからない

よって、誤りまたは断定できないのは（イ）と（エ）。

（イ）ホノルルは東京よりも暖かい

➡ どちらが暖かいのかわからない。断定できない。

（エ）ローマはウィーンよりもミラノよりも涼しい

➡ ローマはウィーンよりもミラノよりも暖かい。誤り。

**正解**　（1）**4**　（2）**5**

## 練習問題 ③ 推論

各問題のワク内に書かれていることを前提として、推論（ア）～（オ）の中で、あきらかに誤りであるものか、あるいは与えられた前提だけからでは、はっきりと断定できないものの記号を選び、その組み合わせを番号で答えなさい。

（1）

| Wは Zの一部である<br>Zは Yの一部である<br>Yは Xの一部である |
|---|

（ア）ZはWの一部である

（イ）ZはXの一部である

（ウ）XはYの一部ではない

（エ）YはすべてのWを含む

（オ）WとZを合わせたものはYである

1　（エ）（オ）
2　（ア）（エ）
3　（ア）（オ）
4　（イ）（エ）
5　（イ）（ウ）

（2）

| AはCの4倍である<br>AはDの2分の1である<br>DはBの3倍である |
|---|

（ア）Aの3倍はBの5倍より小さい

（イ）AはBよりも大きい

（ウ）Bの3分の1はCよりも大きい

（エ）CはDの8分の1である

（オ）AとBを加えたものは、Dよりも大きい

1　（ア）（イ）
2　（イ）（エ）
3　（ウ）（オ）
4　（イ）（オ）
5　（エ）（ウ）

## 解　説

(1) ワク内の条件をまとめると以下の通り。

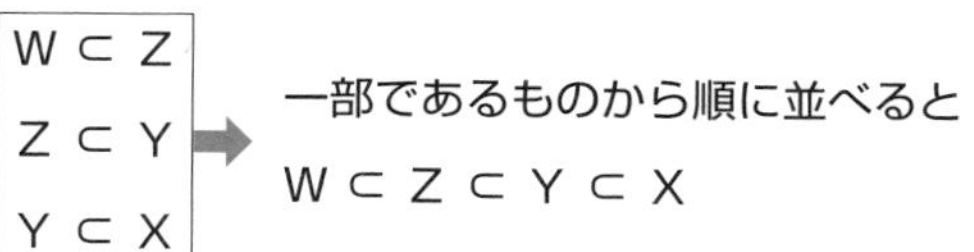


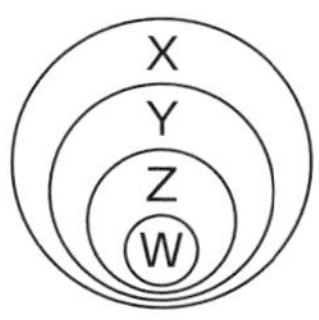


よって、誤りまたは断定できないのは（ア）と（オ）。

（ア）ZはWの一部である

➡ WがZの一部なので誤り。

（オ）WとZを合わせたものはYである

➡ YにはWとZ以外のものが含まれる可能性があるので、断定できない。

(2) ワク内の条件をまとめると以下の通り。

| A＝4C ➡ 2A＝8C |
|---|
| $A=\frac{1}{2}D$ ➡ 2A＝D |
| D＝3B |

➡ イコールでつなぐと 2A ＝ 8C ＝D＝ 3B。A～Dに仮の数値を当てはめると選択肢を検討しやすい。A～Dがうまく整数になるようD＝ 24 とすると、

| A | B | C | D |
|---|---|---|---|
| 12 | 8 | 3 | 24 |

2、8、3の最小公倍数が 24

よって、誤りまたは断定できないのは（ウ）と（オ）。

（ウ）Bの3分の1はCよりも大きい

➡ Bの$\frac{1}{3}$は、$8\times\frac{1}{3}=\frac{8}{3}$で、Cの3より小さいので誤り。

（オ）AとBを加えたものは、Dよりも大きい

➡ A＋Bは、12 ＋8＝ 20 で、Dの 24 より小さいので誤り。

**正解**　(1) **3**　(2) **3**

3章 推論

# 4 判断推理

ここがポイント!

## 論理的な思考力が問われる

◎道順の組み合わせ、数値の予想、年齢算、時計や図形…と幅広く出題。よく出る問題に慣れておこう

◎解き方に迷ったら、図に描いてヒントを見つけよう

**【例題】**

図のような道がある。AからBまで最短距離で行く道順は何通りあるか。

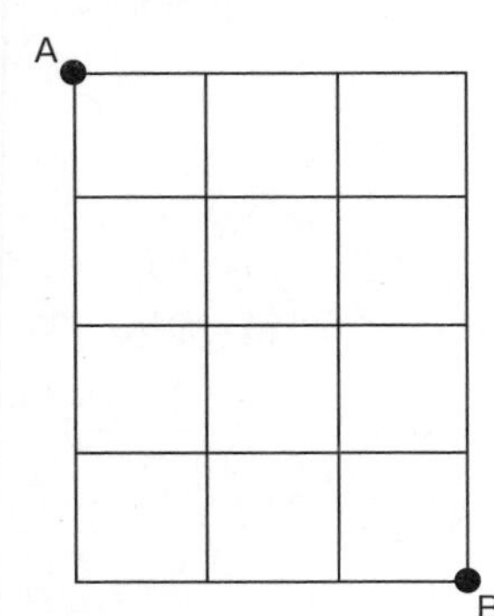


1　12通り

2　20通り

3　35通り

4　45通り

5　60通り

## カンタン解法

マス目状の道をAからBまで最短距離で進むとき、通る道は、下に4マス、右に3マス。そのうち右の道の組み合わせが決まれば、下の道は自動的に決まる。つまり、全部で7マス進む道の中から、右3マス分の道を選ぶ組み合わせを求めればよい。組み合わせの公式を使って計算する。

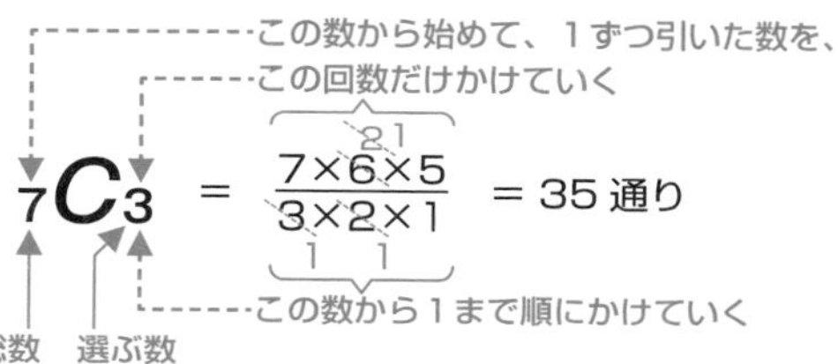


なお、「全部で7マス進む道の中から、下4マス分」の道を選ぶ組み合わせを求めてもかまわない。答えは同じ。

【別解】

手早いのは、上記のように組み合わせを求める方法だが、通る道を列挙する方法もあるので紹介する。以下のように、最後に通る右の道の組み合わせをすべてあげて足し算をする。

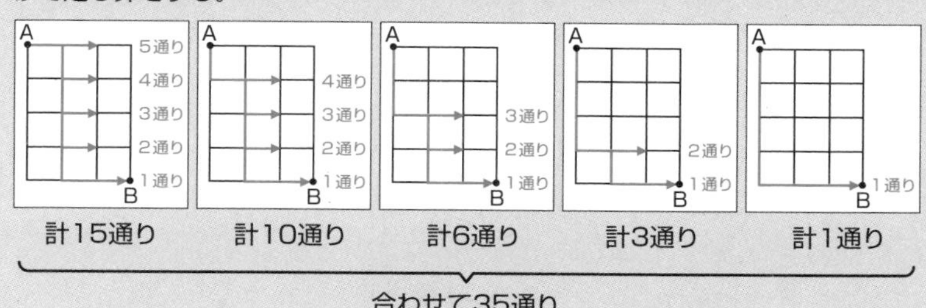


**正解　3**

# 練習問題 1 判断推理

次の質問に答えなさい。

(1) 円周上に点が 10 個ある。そのうちの3個を結んで三角形を作ると、三角形は何個できるか。

1　30 個
2　60 個
3　90 個
4　120 個
5　150 個

(2) 1＋1＝2、2＋2＝6、3＋3＝ 12、4＋4＝ 20、5＋5＝ 30、6＋6＝ 42 という計算が成り立つとすると、7＋7はいくつになるか。

1　49
2　56
3　63
4　14
5　70

## 解　説

(1) 円周上の10個の点のうち、どの3個を選んでも三角形を作ることができる。ということは、作れる三角形の数は、点10個から3個を選ぶ組み合わせの数と同じ。

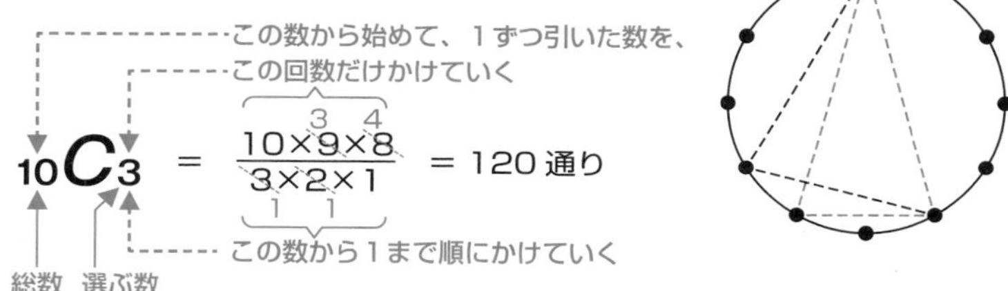


三角形は120個できる。

(2) 足し算の答えの部分が数列になっていると考える。すると、以下のように「＋4、＋6、＋8…と、2ずつ足す数が増える」という規則で並んでいる。

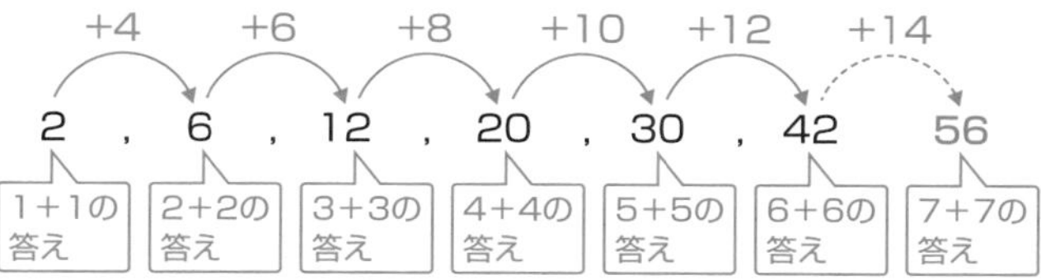


よって「7＋7＝56」。

【別解】

「1＋1」「2＋2」…の数字の部分を、「a＋a」「b＋b」などの記号と同様にとらえ、当てはまる数値を考えてもよい。

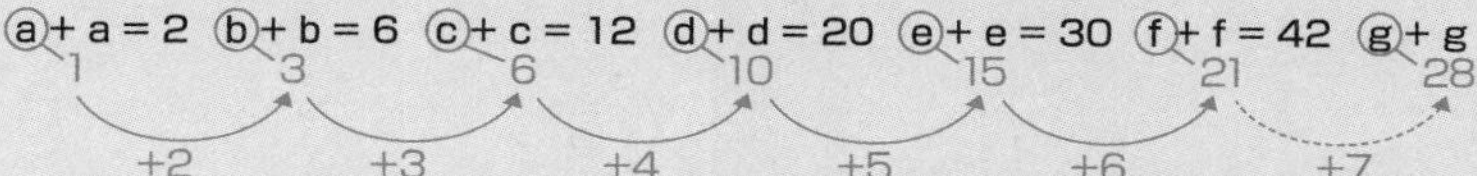


判明した数値の規則性を探すと、1ずつ足す数が増えている。よって、「7＋7」の7に当てはまる数値は28。「7＋7＝56」。

**正解**　(1) 4　(2) 2

## 練習問題 2 判断推理

次の質問に答えなさい。

(1) Aの9年前の年齢は、Bの3年後の年齢と等しい。また、Aの4年後の年齢とBの年齢を足すと30になる。Bの年齢はいくつか。

1　10歳
2　7歳
3　9歳
4　6歳
5　8歳

(2) 時計の長針が短針を追い越す回数は、午後2時から午前2時までの間では何回か。

1　10回
2　12回
3　11回
4　13回
5　9回

## 解　説

（1）Aを A 歳、B を B 歳とすると、設問文から２つの式が作れる。

Aの９年前の年齢は、Bの３年後の年齢と等しい

➡ A－９＝B＋３ …①

Aの４年後の年齢とBの年齢を足すと 30

➡ A＋４＋B＝ 30 …②

①の式を「A＝」の形にすると「A＝B＋12」。これを②に代入すれば Bの年齢がわかる。

A＋４＋B＝30　⬅AにB＋12を代入する

（B＋12）＋４＋B＝30

２B＝14

B＝７

【別解】

代入せずに、年齢差から解く方法もある。①から、AはBより 12 歳上（A＝B＋12）。また、②ではAだけが４歳加算されているので、本来の年齢差 12 歳に４歳を足した 16 歳の差となる。よって、②の合計 30 から、２人の差 16 歳を引いて２で割るとBの年齢がわかる。

（30－16）÷２＝７

（2）長針が短針を追い越すのは、１時間につき１回。ただし、11 時台には長針による追い越しが発生しない。追い越すときに、12 時を過ぎてしまうためだ。よって、午後２時から午前２時までの 12 時間で、長針が短針を追い越すのは

12 回－１回＝ 11 回

**正解**　（1）**2**　（2）**3**

3章 判断推理

# 練習問題③ 判断推理

次の質問に答えなさい。

(1) ある会社の採用予定者は 180 人である。男子と女子の応募者総数は、採用予定者の３倍よりも８人多く、女子の応募者数は男子の応募者数の８倍より 19 人少ない。女子の応募者数は何人であるか。

1　485 人
2　500 人
3　450 人
4　435 人
5　525 人

(2) 次の（ア）（イ）の関係から、a に相当する数を１～５の中から選びなさい。

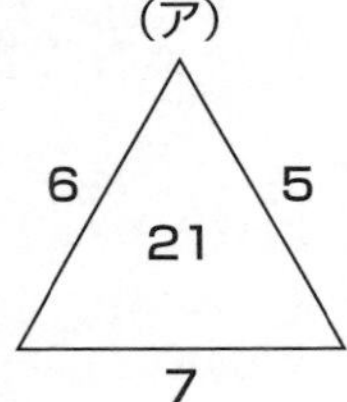


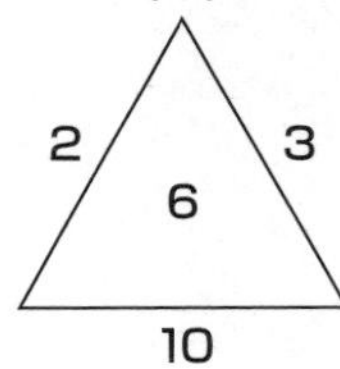


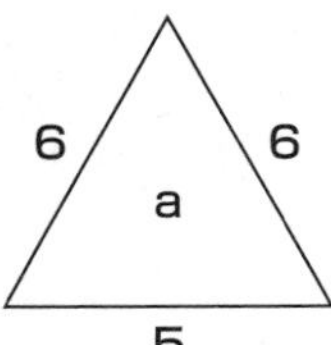


1　16
2　17
3　18
4　19
5　20

## 解　説

(1) 応募者総数は、採用予定者 180 人の3倍より8人多いので

180 人×3＋8人＝548 人

男子の応募者数を$x$人として、男子＋女子＝応募者総数の方程式を作って解く。

男子　女子　応募者総数

$x$人 ＋(8$x$人－19人)＝548人

$9x = 567$

$x = 63$

女子の応募者は、総数 548 人から、男子 63 人を引いた 485 人。

(2)（ア）と（イ）に共通して成立する要素を見つける。

どちらも、3辺をかけ算して、10 で割った数が中央に入る。

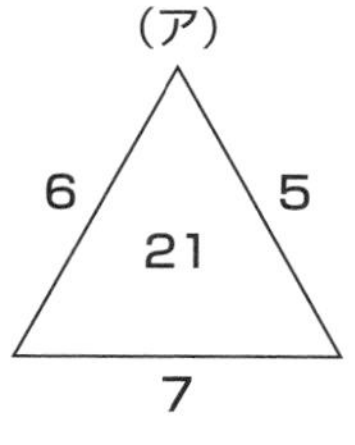


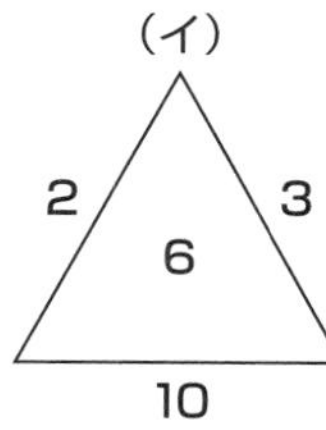


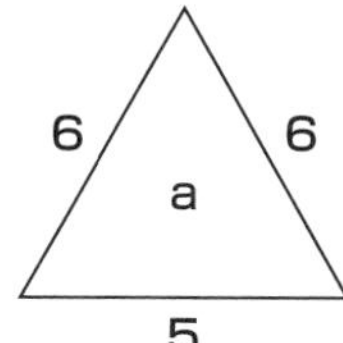


6×5×7=210　2×3×10=60　6×6×5=180

210÷10=21　60÷10=6　180÷10=18

よって a は 18。

**正解**　(1) 1　(2) 3

# 練習問題④ 判断推理

次の質問に答えなさい。

(1) 東京とワシントンの時差は、約 14 時間である。4月1日午後4時 30 分に東京を出発した飛行機が、18 時間かかってワシントンに到着したとすると、その飛行機がワシントンに到着したときの現地時間は、次のうちどれか。

1　4月2日午後8時 30 分
2　4月2日午前 10 時 30 分
3　4月1日午後8時 30 分
4　4月2日午後 10 時 30 分
5　4月1日午後 11 時 30 分

(2) A地点から 100m 進むと、並木の1本目に着く。並木は、3m の間隔をおいて 12 本並んでいる。並木の 12 本目に達したとき、A地点からの距離は何mとなるか。

1　139m
2　136m
3　130m
4　133m
5　140m

## 解　説

(1) 時差の仕組みを知っていることが前提の問題。東京とワシントンとでは、ワシントンのほうが遅く時刻がめぐる。時差が 14 時間ということは、東京の現地時間から 14 時間時計を戻すと、ワシントンの現地時間になる。14 時間時計を戻してから、飛行時間 18 時間を足すと、到着時点でのワシントン時間は4月1日午後8時 30 分。

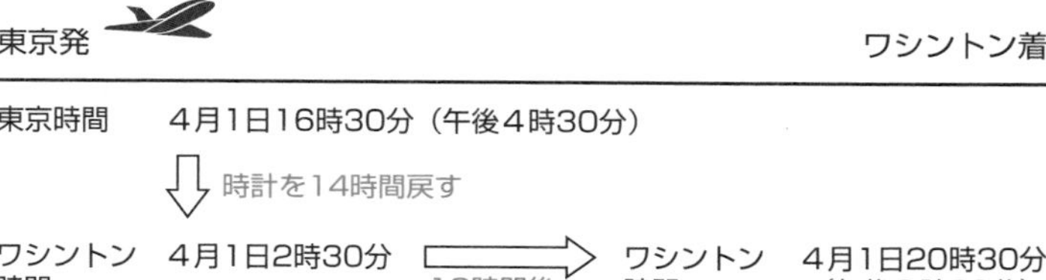


【補足：時差のしくみ】
イギリスの旧グリニッジ天文台を通る子午線（北極点と南極点を結ぶ経線）を0度とし、経度が西に 15 度ずれるごとに、時刻は1時間ずつ遅れる。また、経度 180 度（太平洋上）を基準に日付変更線が決められていて、この線を西から東へ越える場合は日付が遅れる。

(2) 木と木の間隔の数は、「木の本数－１」。

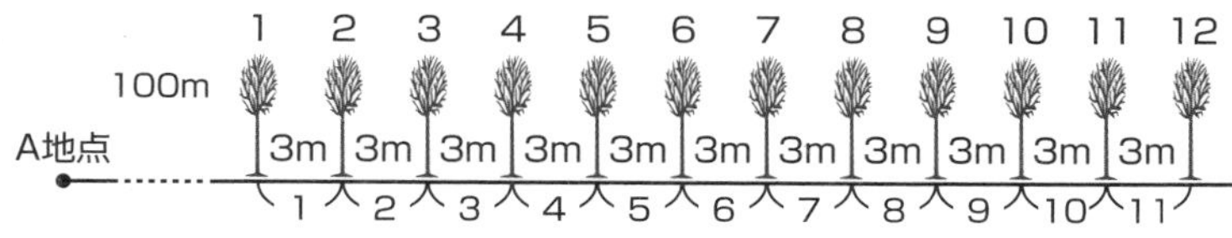


1本目まで　3m間隔　木の間隔数　12本目までの距離
100m ＋ （3m × 11）＝ 100 ＋ 33 ＝ 133m

**正解**　(1) 3　(2) 4

3章 判断推理

# 練習問題⑤ 判断推理

右の図は、長方形、正方形、円、三角形の４つの図形が重なり合ってできたものである。この図を見ながら、以下の各質問に答えなさい。

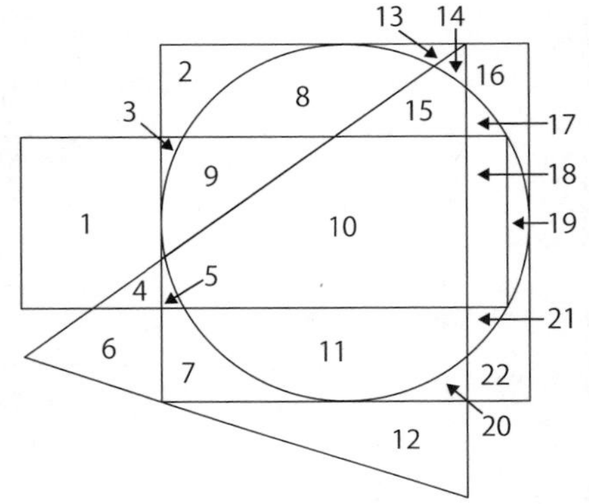


(1) 三角形の中にあって、正方形の中にない数字の総和はいくつか。

1　18
2　10
3　16
4　22
5　46

(2) 正方形の中にあって、三角形の中にはなく、円の中にある数字の総和はいくつか。

1　71
2　92
3　73
4　17
5　42

## 解説

(1) 三角形の中にあって、正方形の中にない数字は赤色の部分（4、6、12)。これを足し算する。

4 + 6 + 12 = 22

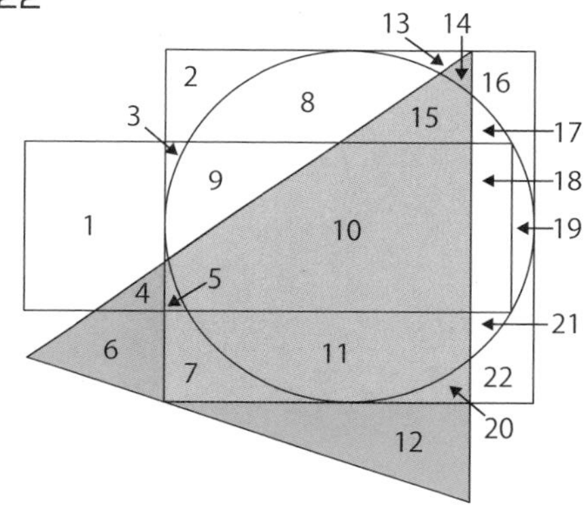


(2) 正方形の中にあって、三角形の中にはなく、円の中にある数字は赤色の部分（8、9、17、18、19、21)。これを足し算する。

8 + 9 + 17 + 18 + 19 + 21 = 92

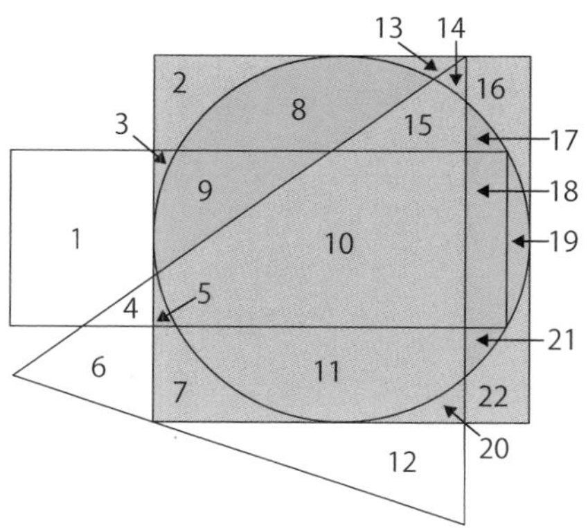


**正解**　(1) 4　(2) 2

# 練習問題⑥ 判断推理

次の質問に答えなさい。

(1) 180人の学生に通学に利用する交通機関を質問したところ、電車を利用が64人、電車とバスの両方を利用が19人、電車とバスのいずれも利用しない人は両方利用する人の3倍だった。バスを利用する学生は何人か。

1　59人

2　70人

3　78人

4　40人

5　97人

(2) J、K、Lの3人が①、②、③の番号がついた帽子をかぶっている。3人は次の（ア）～（ウ）のように発言している。

（ア）①の帽子の人の発言「③の帽子の人はLです。」

（イ）②の帽子の人の発言「①の帽子の人はKです。」

（ウ）③の帽子の人の発言「②の帽子の人はLです。」

少なくともLは真実を述べているとき、①、②、③の帽子の人はそれぞれ誰か。

1　①K　②J　③L

2　①L　②K　③J

3　①J　②K　③L

4　①K　②L　③J

5　①J　②L　③K

## 解　説

(1) ベン図（集合の図）をかくと、状況が一目でわかり、解き方の見通しをたてやすい。

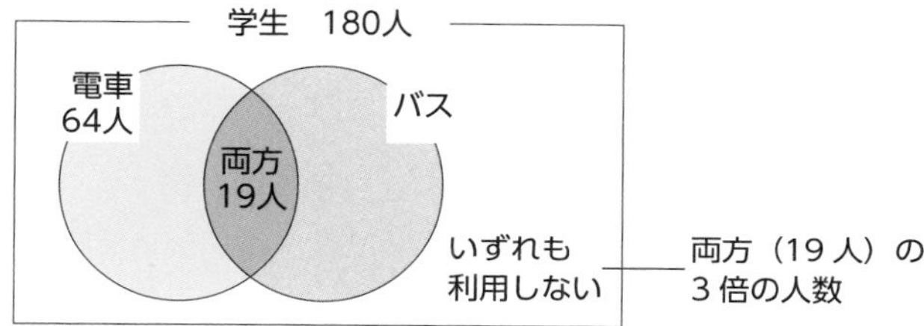


「電車だけ利用」「いずれも利用しない」人数をそれぞれ求めて、学生180人から引くと、残りがバスを利用する学生。

電車だけ利用　➡ 64人（電車）－ 19人（両方）＝ 45人（電車だけ）

いずれも利用しない　➡ 19人（両方）× 3（3倍）＝ 57人（いずれも利用しない）

バスを利用　➡ 180人（学生全体）－（45人（電車だけ）＋ 57人（いずれも利用しない））＝ 78人（バス）

(2) 帽子の番号から、3つの発言はいずれも、自分以外の誰かについて述べている。Lは真実を述べているので、Lの発言に登場するのはJかK。ここから②の帽子の人がLだとわかる。Lは真実を述べているので、発言から①の帽子の人はK。残る③の帽子の人がJ。

【補足】
真実を述べているのは、②の帽子のLと、③の帽子のJ。

**正解**　(1) 3　(2) 4

## 再現テストについて

本書では、実際に受検した複数の受検者の情報から、採用テスト（能力・性格テスト）を再現しています。ただし、採用テストの作成会社、および、その他の関係者の知的財産権等が成立している可能性を考慮して、入手した情報をそのまま再現することは避けています。

本書に掲載している問題は、「SPI ノートの会」が情報を分析して、採用テストの「意図」を盛り込んで新たに作成したものです。また、採用テストの尺度、測定内容、採点方法などにつきましては、公開されているもの以外は、「SPI ノートの会」の長年にわたる研究により、推定・類推したものです。この点をご了承ください。

4章
SCOA
言語

# SCOA 言語問題の概要

## 言語問題の出題範囲と出題数

| | 出題数 | 掲載ページ |
|---|---|---|
| 言葉の意味 | 10問 | 熟語　P.120<br>慣用句　P.126<br>故事成語　P.132<br>その他　P.138 |
| 長文読解 | 2長文10問 | P.144 |



SCOAの言語では、熟語や慣用句などの知識と、長文の読解力が試されます。

## 言語問題の設問内容と対策

### ●言葉の意味

熟語（例：呵責）、慣用句（例：推して知るべし）、故事成語（例：他山の石）の意味として適切なものを選ぶ問題が出題されます。また、漢字の読みや対義語などの問題も出題されます。いずれも、意味や読み方などをまったく知らないと答えられない問題ばかりですが、**覚えておけば、短い時間で確実に正解できるので、得点源です。本書の再現問題に取り組み、本番では取りこぼしのないようにしましょう。**

●**長文読解**

長文を読んで問題に答える形式です。空欄に当てはまる言葉を選択する問題、作者の言いたいことを選択する問題などが出題されます。

使用される長文は、かなり以前にマスメディアなどで話題になったテーマについて、作者が考えを述べたコラム風のものがほとんどです。平易な語り口ですが、書かれた当時の社会情勢などを知らない現在の読者にとっては、ピンとこない部分もあります。ただし、社会情勢を知らないと解けないような問題は出題されません。**選択肢を1つずつ検証するなど、一般的な長文読解の手法で取り組めば大丈夫です。**

# 1 言葉の意味（熟語）

ここがポイント!

**字面からの推測が難しい熟語が多い**

◎意味をまったく知らないと答えられない熟語が出題されやすい

◎知識問題。再現問題を覚えよう

## 【例題】

次に示す言葉の意味で、正しいものを１～５の中から選びなさい。

婉曲

1 柔軟
2 歪める
3 芸能
4 ほのめかす
5 遠回し

## カンタン解法

SCOA の言語では、もともとの漢字とは違う意味になっている熟語が出題されることが多い。このような熟語が出題された場合、意味を知らないと正確に回答するのは難しい。熟語は知識が試される問題と考え、本書の再現問題に取り組んで語彙（ごい）を増やしておこう。

**【例題】**

**婉曲（えんきょく） ＝ 遠回し**

「婉曲」の意味は「遠回しに、それとなく表現するさま」。遠回しに断ることを表す場合に「婉曲な断りをいう」などと使う。

**正解 5**

※言葉の定義は『大辞林第三版』（三省堂）から引用しました。

# 練習問題 1 言葉の意味（熟語）

次に示す言葉の意味で、正しいものを１～５の中から選びなさい。

(1) 星霜

1　まっ白な髪

2　晩秋の凍った土

3　晴れた夜空

4　歳月

5　厳しい寒さ

(2) 相剋

1　競争すること

2　仲直りすること

3　親友になること

4　刀を研ぐこと

5　互いに争うこと

(3) 呵責

1　おどしつけること

2　驚かせること

3　責めて苦しめること

4　罪を感じさせること

5　怖がらせること

## 解　説

(1) 星霜（せいそう）　＝　**歳月**

「幾星霜（＝長い年月）を経る」といった表現で使う。

(2) 相剋（そうこく）　＝　**互いに争うこと**

「相剋」の意味は「相いれない二つのものが、互いに勝とうとして争うこと」。1の「競争すること」も当てはまりそうに思えるが、「相剋」は、単に競うのではなく、「争う」という意味合いが強い。

「相剋」には「五行説（ごぎょうせつ）で、互いに相手に勝つ関係にあること。木は土に、土は水に、水は火に、火は金に、金は木にそれぞれ勝つこと」という意味もある。五行説とは「中国古来の世界観。木・火・土・金・水の五つの要素によって自然現象・社会現象を解釈する説」のこと。

(3) 呵責（かしゃく）　＝　**責めて苦しめること**

「呵責」の意味は「責め苦しめること。きびしく責めること」。「良心の呵責を感じる」といった表現で使う。

「呵責」の「呵」は、「しかる。せめる」という意味の言葉。

**正解**　(1) 4　(2) 5　(3) 3

※言葉の定義は『大辞林第三版』（三省堂）から引用しました。

# 練習問題② 言葉の意味（熟語）

次に示す言葉の意味で、正しいものを１～５の中から選びなさい。

(1) 払拭

1　新しいものにすること
2　寺社に参拝すること
3　きれいに掃除すること
4　はらいぬぐうこと
5　不要なものを売ること

(2) 軋轢

1　不和
2　固執
3　車輪の跡
4　押しつぶすこと
5　機械の故障

(3) 嚆矢

1　あてがはずれること
2　絣（かすり）の模様
3　ものごとのはじめ
4　気高く優れていること
5　効果的な攻撃

## 解　説

**(1) 払拭（ふっしょく） ＝ はらいぬぐうこと**

「払拭」の意味は「汚れなどをすっかりぬぐい去ること」。3の「きれいに掃除すること」も同じ意味のように思えるが、「払拭」は掃除に限定した意味ではない。

「払拭」は、たとえば「不安感を払拭する」といった表現で使う。

**(2) 軋轢（あつれき） ＝ 不和**

「軋轢」の意味は「仲が悪くなること。不和」。

「軋轢」の意味は車輪がきしるところからきている。「軋」「轢」は「軋（きし）る」「轢（きし）る」と読むことができ、「固い物がこすれ合って強くきいきいと音を立てる」という意味がある。

**(3) 嚆矢（こうし） ＝ ものごとのはじめ**

「嚆矢」の意味は「物事のはじめ。最初」。

「嚆矢」は「かぶら矢」のこと。「物事のはじめ」という意味は、『荘子在宥（ざいゆう）』による。「昔、中国で合戦の初めに、かぶら矢を敵陣に射かけたこと」からきたもの。

**正解**　(1) 4　(2) 1　(3) 3

※言葉の定義は『大辞林第三版』（三省堂）から引用しました。

4章 言葉の意味（熟語）

# 2 言葉の意味（慣用句）

ここがポイント！

## 頻出の慣用句を覚えよう

◉誤った意味で使われやすい慣用句が出題される

◉知識問題。再現問題を覚えよう

**【例題】**

次に示す言葉の意味で、正しいものを１～５の中から選びなさい。

気が置けない

1　気おくれがして、ひけめを感じる

2　遠慮がなく、打ち解けることができる

3　心配で油断することができない

4　遠慮があって、気をつかう

5　疑わしくて信用することができない

## カンタン解法

SCOAの言語では、多くの人が一度は聞いたことがあるが、誤った意味で使われやすい慣用句が出題されることがある。
慣用句も、「熟語」（120ページ）と同様に、言葉の知識が試される問題。本書の再現問題に取り組み、知識を増やそう。

### 【例題】

**気が置けない　＝　遠慮がなく、打ち解けることができる**

「気が置けない」は、「気遣いする必要がない。遠慮がない」という意味の慣用句。「油断できない」といった誤った意味で使われやすい。

「慣用句」とは、2つ以上の言葉がつながって、全体として1つの意味を表す語句のことをいう。
例：「峠を越す」（盛りの時期・危険な状態を過ぎて、物事の勢いが衰え始める）
「耳にたこができる」（同じことを幾度も聞かされて、聞きあきている）

**正解　2**

※言葉の定義は『大辞林第三版』（三省堂）から引用しました。

# 練習問題 1 言葉の意味（慣用句）

次に示す言葉の意味で、正しいものを１～５の中から選びなさい。

(1) 推して知るべし

1　知ろうとして努力する
2　自明のことである
3　熟考して決める
4　学問を追究する
5　細部まで理解する

(2) 手塩にかける

1　思い通りにならず手をやくこと
2　さまざまな手段で確かめること
3　いろいろな方法をためすこと
4　自ら手をつくして世話をすること
5　自分の思い通りにすること

(3) おざなり

1　わざとらしい
2　手入れを怠って放っておく
3　その場しのぎの間に合わせ
4　自分につごうよく進める
5　ふまじめな態度をとる

## 解　説

(1) 推して知るべし　=　**自明のことである**

「推す」の意味は「ある事から他の事を推測する」。ここから、「推して知るべし」の意味は「ある事実を根拠にして考えれば簡単にわかる。自明のことである」。

(2) 手塩にかける　=　**自ら手をつくして世話をすること**

「手塩にかける」の意味は「自分で直接気を配って世話をする」。

「手塩」とは「それぞれの食膳に備えた少量の塩」という意味で、「手塩にかける」は味加減を自分で調節することから転じた言葉といわれる。

(3) おざなり　=　**その場しのぎの間に合わせ**

「おざなり」の意味は「その場逃れにいいかげんな言動をすること」。「御座成り」とも書く。

**正解**　(1) **2**　(2) **4**　(3) **3**

※言葉の定義は『大辞林第三版』（三省堂）から引用しました。

## 練習問題② 言葉の意味（慣用句）

次に示す言葉の意味で、正しいものを１～５の中から選びなさい。

**(1) 馬脚をあらわす**

1　隠していたことが、明るみに出ること
2　本音が出てしまうこと
3　実力を発揮すること
4　地位を失うこと
5　能力の限界を見せること

**(2) ひとくさり**

1　連続した
2　不平を言うこと
3　ほんの少しだけ
4　会話をすること
5　一区切り

**(3) 鼻であしらう**

1　得意がって自慢すること
2　誇りに思うこと
3　相手を見下してふんと笑うこと
4　出し抜いて人をあっと言わせること
5　そっけない態度をとること

## 解　説

(1) **馬脚をあらわす　=　隠していたことが、明るみに出ること**

「馬脚をあらわす」の意味は「(芝居で、馬の脚に扮(ふん)していた人が正体をあらわす意から）隠していたことが明らかになる」。

「馬脚をあらわす」と同じ意味で「化けの皮がはがれる」という慣用句もある。

(2) **ひとくさり　=　一区切り**

「ひとくさり」の意味は「謡(うた)いもの・語りもの、また話などのまとまった一区切り」。

「ひとくさりうたう」などのように使う。現在ではあまり日常的ではない慣用句。

(3) **鼻であしらう　=　そっけない態度をとること**

「鼻であしらう」の意味は「相手の言葉を問題とせず、冷淡に応対する」。3の「相手を見下してふんと笑うこと」も当てはまりそうに思えるが、「鼻であしらう」には「笑う」という意味合いはない。

**正解**　(1) 1　(2) 5　(3) 5

※言葉の定義は『大辞林第三版』(三省堂）から引用しました。

# 3 言葉の意味（故事成語）

ここがポイント！

**日常的にあまり使わない故事成語が多い**

◉故事（昔から伝わっているいわれや物語）に基づく表現で、字面からの推測が難しい

◉知識問題。再現問題を覚えよう

**【例題】**

次に示す言葉の意味で、正しいものを１～５の中から選びなさい。

他山の石

1　他人が所有する山の石が美しく見えること

2　たとえどんなものでも、自分を磨く助けになること

3　他人には価値のないものに目をつけること

4　自分に直接関係ないことに口を出すこと

5　自然の中にあるものは、小さなものでも大切に扱うこと

## カンタン解法

故事成語の「故事」とは「昔から伝わっているいわれや物語」という意味。意味を知らない場合、字面から正しく推測するのは難しい。「熟語」（120ページ）や「慣用句」（126ページ）と同様に、頻出の問題を覚えよう。

### 【例題】

他山の石　＝　**たとえどんなものでも、自分を磨く助けになること**

「他山の石」の意味は「他人のつまらぬ言行も自分の人格を育てる助けとなりうることのたとえ」。「他山の石とする」といった表現で使われる。

> 「他山の石」は中国の古い詩集『詩経（しきょう）』に収められた詩の一節「他山の石以（もっ）て玉（たま）を攻（おさ）むべし」＝「よその山から出た粗悪な石も自分の玉を磨くのに利用できる」からきたもの。

**正解　2**

※言葉の定義は『大辞林第三版』（三省堂）から引用しました。

## 練習問題 1 言葉の意味（故事成語）

次に示す言葉の意味で、正しいものを１～５の中から選びなさい。

(1) 破天荒

1　人を驚かせること

2　大荒れの天気のこと

3　天変地異のようなこと

4　これまでになかったことをすること

5　風変わりなこと

(2) 小田原評定

1　周囲の反応に合わせて態度を変えること

2　知恵を出し合って決めること

3　それほど重要でない話し合い

4　話し合いが長引いて決まらないこと

5　双方が妥協すること

(3) 病膏肓に入る

1　病気になるほど働くこと

2　病気を治すために療養すること

3　抜け出せないほど深入りすること

4　病気で失明すること

5　病気をわずらうこと

## 解　説

(1) 破天荒　＝　**これまでになかったことをすること**

「破天荒」の意味は「今までだれもしたことのないことをすること」。「前代未聞」「未曾有」と同じ意味。

中国の『北夢瑣言』に書かれた故事がもとになっている。「唐代に荊州から進士の合格者が出ず『天荒』（文明未開の荒地）と呼ばれたが、劉蛻が初めて合格して、天荒を破ったと称したこと」から転じたもの。

(2) 小田原評定　＝　**話し合いが長引いて決まらないこと**

「小田原評定」の意味は「いつまでたっても結論の出ない会議・相談」。

「豊臣秀吉に小田原城が攻められたとき、城内の和戦の評定が長引いて決定しなかった故事」から転じたもの。

(3) 病膏肓に入る　＝　**抜け出せないほど深入りすること**

「病膏肓に入る」の意味は「何かに熱中して抜け出せなくなるたとえ」。

「晋の景公が、病魔が膏と肓の間に入り、名医も治療できないという夢をみた」という「左氏伝成公十年」の故事から。「治療のほどこしようのないほど病気が重くなる」という意味もある。なお、「膏肓」の「膏」は心臓の下、「肓」は横隔膜の上のこと。

**正解**　(1) 4　(2) 4　(3) 3

※言葉の定義は『大辞林第三版』（三省堂）から引用しました。

## 練習問題② 言葉の意味（故事成語）

次に示す言葉の意味で、正しいものを１～５の中から選びなさい。

(1) 塞翁が馬

1 他人はあてにならないということ
2 手紙を書くのを面倒がること
3 人間の禍福は予測できないものだということ
4 物事を大げさに表現すること
5 誰にでも分け隔てなく接すること

(2) 白眉

1 長い年月をかけて学ぶこと
2 多くの人の中で最も傑出していること
3 清廉潔白なこと
4 古い習慣にこだわって改革を嫌うこと
5 勉強不足で満足に結果が出せないこと

(3) 朝三暮四

1 はかないもののたとえ
2 明け方と日暮れのこと
3 一度、出された法律や命令が、すぐに変わってしまうこと
4 何度も訪問して礼を尽くすこと
5 目先の違いにこだわって、同じ結果になることに気づかないこと

## 解　説

(1) 塞翁が馬　＝　**人間の禍福は予測できないものだということ**

「塞翁が馬」は「人間万事塞翁が馬」ともいい、意味は「人間の禍福は変転し定まりないものだというたとえ」。

『淮南子人間訓』から。「昔、塞翁の馬が隣国に逃げてしまったが、名馬を連れて帰ってきた。老人の子がその馬に乗っていて落馬し足を折ったが、おかげで隣国との戦乱の際に兵役をまぬがれて無事であったという話」から転じたもの。

(2) 白眉　＝　**多くの人の中で最も傑出していること**

「白眉」の意味は「兄弟中で最も優れている者。また、衆人の中で最も傑出した者」。

『三国志蜀書馬良伝』による。「蜀の馬良が、五人の兄弟の中で最も優秀で、その眉に白毛があったこと」から転じたもの。

(3) 朝三暮四　＝　**目先の違いにこだわって、同じ結果になることに気づかないこと**

「朝三暮四」の意味は「表面的な相違や利害にとらわれて結果が同じになることに気づかぬこと」。

『列子黄帝』などに見える故事。「狙公（＝猿回し）が猿にトチの実を朝に三つ、暮れに四つ与えると言ったら猿が怒り出したので、朝に四つ暮れに三つやると言ったところ猿が喜んだというもの」。

**正解**　(1) 3　(2) 2　(3) 5

※言葉の定義は『大辞林第三版』（三省堂）から引用しました。

# 4 言葉の意味（その他）

ここがポイント!

## 言葉の知識がさまざまな形式で問われる

◉漢字の読みや表記、対義語などが出題される

◉知識問題。再現問題を覚えよう

【例題】

次に示す四字熟語の表記で、正しいものを１～５の中から選びなさい。

1　無病足災

2　青耕雨読

3　美辞零句

4　五里夢中

5　不倶戴天

## カンタン解法

言葉の意味に関する問題では、「熟語」（120 ページ）、「慣用句」（126 ページ）、「故事成語」（132 ページ）のほか、漢字の読みや表記に関する問題や、対義語の問題などが出題される。本書の再現問題に取り組み、どんな問題が出るのかをあらかじめ知っておこう。

### 【例題】

**「不倶戴天（ふぐたいてん）」が正解。意味は「この世に共存できない、どうしても許せないと思うほど深く恨むこと」。**

その他の選択肢は、以下の下線部の字が間違っている。

1　×無病足災　➡　○無病息災
2　×青耕雨読　➡　○晴耕雨読
3　×美辞零句　➡　○美辞麗句
4　×五里夢中　➡　○五里霧中

**正解　5**

※言葉の定義は『大辞林第三版』（三省堂）から引用しました。

# 練習問題 1 言葉の意味（その他）

次の質問に答えなさい。

(1) 次の文の（　）に当てはまる漢字を１～５の中から選びなさい。

人跡未（　）の地

1　踏
2　着
3　飛
4　歩
5　登

(2) 次に示す組み合わせで、反対の意味の言葉になっていないものを１～５の中から選びなさい。

1　保守　⇔　革新
2　完全　⇔　無欠
3　権利　⇔　義務
4　具体的　⇔　抽象的
5　空想　⇔　現実

(3) 次に示す漢字の読みで、間違っているものを１～５の中から選びなさい。

1　遊説　—　ゆうぜい
2　強靭　—　きょうじん
3　市井　—　しせい
4　措置　—　そち
5　会得　—　かいとく

（4）次の文の下線部に当てはまる漢字を１～５の中から選びなさい。

彼の発言は事のケイチョウをわきまえていない。

1　計帳

2　軽重

3　傾聴

4　慶長

5　慶弔

**解説**

（1）人跡未踏（じんせきみとう）　＝　**今まで人が足を踏み入れたことがないこと**

（2）「完全」と「無欠」は同じ意味の言葉

「完全」は「欠点や不足が全くないこと」、「無欠」は「欠けたところのないこと」で、ほぼ同じ意味の言葉。

他の選択肢はすべて反対の意味の言葉を組み合わせたもの。

（3）会得（えとく）　＝　**物事をよく理解・習得して自分のものにすること**

他の選択肢はすべて正しい読み。

（4）軽重（けいちょう）　＝　**重大なこととそうでないこと**

「軽重」は「けいじゅう」とも読む。

**正解**　（1）1　（2）2　（3）5　（4）2

※言葉の定義は『大辞林第三版』（三省堂）から引用しました。

# 練習問題 2 言葉の意味（その他）

次の質問に答えなさい。

(1) 次に示す漢字の読みで、間違っているものを１～５の中から選びなさい。

1　無垢　―　むげ

2　辛辣　―　しんらつ

3　柔和　―　にゅうわ

4　帰巣　―　きそう

5　安穏　―　あんのん

(2) 次の文の下線部に当てはまる漢字を１～５の中から選びなさい。

当日は雨のため、花火大会は ジュン 延となった。

1　準

2　純

3　准

4　順

5　巡

(3) 次の四字熟語について、（　）内に入る数字を足すといくつになるか。

（　）面（　）臂

（　）日（　）秋

1　19

2　24

3　32

4　1015

5　1024

## 解　説

(1) 無垢（むく） ＝ **欲望・執着などの煩悩（ぼんのう）がなく、清浄なこと**

他の選択肢はすべて正しい読み。

(2) 順延（じゅんえん） ＝ **順々に期日を延ばすこと**

例えば、当日が雨で中止になったら次の日に延期し、その次の日も雨で中止になったらさらにその翌日に延期する、という風に順々に期日を延ばすことを「順延」という。

(3) 八面六臂（はちめんろっぴ） ＝ **多才で、一人で何人分もの活躍をするたとえ**

一日千秋（いちじつせんしゅう） ＝ **恋い慕う気持ちや待ち望む気持ちが非常に強いこと**

「八面六臂」は8＋6＝14、「一日千秋」は1＋1000＝1001。
14＋1001＝1015。

「一日千秋」と同じ意味で「一日三秋」という四字熟語もあるが、「八面六臂」の14と「一日三秋」の4を足した数18は選択肢にない。

**正解**　(1) 1　(2) 4　(3) 4

※言葉の定義は『大辞林第三版』（三省堂）から引用しました。

# 5 長文読解

ここがポイント!

**長文の読解力が試される**

◉作者が考えを述べたコラム風の長文がよく出る

◉一般的な長文読解の手法で取り組もう

## 【例題】

次の文章を読んで、後の質問に答えなさい。

　生きがい論がはやっている。幸福とはなにか。しあわせの指標はなんだろう。いったい何が真の豊かさなのか。(あ)ひもじかった戦後の何年間かが「胃袋の時代」だったとすると、その後「経済成長の時代」をへて、いま「心の時代」にさしかかったのではないかと思う。(い)経済成長だけでは幸福にはなれない、ということに私たちは気がついた。(う)一斉に、生活実感としてそれを悟った。じつに大変な発見で、この発見の意味深さは、①まだ十分に知られていない。(え)つきつめていくと、これを境に文明の歴史が変わるだろう、という思想家もあった。(お)では、幸福とはなにかだが、困ったことに、だれもが納得できる回答は、まだない。「胃袋の時代」には、食べて胃袋を満たせばよかった。しかし「心の時代」の心は、なにを食べたら満ち足りるのかがわからない。(か)だれかにたずねようとしても、およそ専門家がいないのが、生きがい論の特徴だという。(き)「心の時代」は、［ A ］「心の飢餓感にさいなまれる時代」でもある。(く)人々はまだ、駆け足成長時代の癖を卒業していなくて、生きがい追求をいそぎ過ぎていはしないか、と考える。ひとつの変種が異常犯罪や趣味風俗のどぎつさだろう。(け)おとなも若ものも、子どもまでがつがつしている。(こ)心の飢えを満たすものが、劇薬のような極端なイデオロギーでないことだけはたしかだ。しかし、精神的な豊かさは、自由とか社会正義なしには考えられない。(さ)また、国が国として国際社会のなか②で良いことに奉仕しているんだ、という安心感。これも私たち日常の生きがいに結びつくような気がする。(し)まあ、あわてず、さわがず、で今年はいきたい。そして、休み休み、じっくりと捜そうではありませんか。しあわせとは何か、を。

(『天声人語　7』疋田桂一郎／朝日新聞社出版局)

（問）この文章を６つの段落に分けた場合、第３段落はどの位置から始まるか、（う）～（き）の記号の中から正しいものを選びなさい。

1　う　　2　え　　3　お　　4　か　　5　き

## カンタン解法

長文を、内容から６つのグループ（段落）に区切る。問題冊子に区切り線を書き込むなど、見やすくなる工夫をするとよい。

| 段落 | 場所 | 構造 | 書かれている概要 |
|---|---|---|---|
| 1 | 冒頭～(あ) | 疑問の提示 | 生きがい論＝幸福とはなにか<br>「胃袋の時代」「経済成長の時代」→「心の時代」 |
| 2 | (い)～(え) | 疑問の背景 | 経済成長だけでは幸福になれないと悟った<br>（悟ったことは）大変な発見 |
| 3 | (お)～(か) | 疑問の答え | では幸福とはなにか→答えはまだない<br>なにを食べたらよいかわからない、専門家もいない |
| 4 | (き)～(け) | 答えの発展 | 「心の時代」は「心の飢餓感にさいなまれる時代」<br>生きがい追求のいそぎ過ぎ。異常犯罪、趣味風俗のどぎつさ |
| 5 | (こ)～(さ) | 疑問の正解の考察 | 心の飢えを満たすのは極端なイデオロギーではない<br>自由、社会正義、国が国として良いことに奉仕しているという安心感も日常の生きがいに結びつく |
| 6 | (し)～末尾 | 結び | あわてず、さわがずでいきたい<br>しあわせとはなにかをじっくりと捜していこう |

上記から、３つめのグループは、この長文全体のテーマ「幸福とはなにか」について、筆者が「答えはまだない」とした部分。（お）から始まるので、正解は３。

段落分けの問題は、他の問題と比べると時間がかかる。時間に余裕がないときは、解くことにこだわらず、とばして先に進むことも考えよう。

**正解　3**

# 練習問題 1 長文読解

次の文章を読んで、後の質問に答えなさい。

生きがい論がはやっている。幸福とはなにか。しあわせの指標はなんだろう。いったい何が真の豊かさなのか。(あ)ひもじかった戦後の何年間かが「胃袋の時代」だったとすると、その後「経済成長の時代」をへて、いま「心の時代」にさしかかったのではないかと思う。(い)経済成長だけでは幸福にはなれない、ということに私たちは気がついた。(う)一斉に、生活実感としてそれを悟った。じつに大変な発見で、この発見の意味深さは、①まだ十分に知られていない。(え)つきつめていくと、これを境に文明の歴史が変わるだろう、という思想家もあった。(お)では、幸福とはなにかだが、困ったことに、だれもが納得できる回答は、まだない。「胃袋の時代」には、食べて胃袋を満たせばよかった。しかし「心の時代」の心は、なにを食べたら満ち足りるのかがわからない。(か)だれかにたずねようとしても、およそ専門家がいないのが、生きがい論の特徴だという。(き)「心の時代」は、［ A ］「心の飢餓感にさいなまれる時代」でもある。(く)人々はまだ、駆け足成長時代の癖を卒業していなくて、生きがい追求をいそぎ過ぎていはしないか、と考える。ひとつの変種が異常犯罪や趣味風俗のどぎつさだろう。(け)おとなも若ものも、子どもまでがつがつしている。(こ)心の飢えを満たすものが、劇薬のような極端なイデオロギーでないことだけはたしかだ。しかし、精神的な豊かさは、自由とか社会正義なしには考えられない。(さ)また、国が国として国際社会のなか②で良いことに奉仕しているんだ、という安心感。これも私たち日常の生きがいに結びつくような気がする。(し)まあ、あわてず、さわがず、で今年はいきたい。そして、休み休み、じっくりと捜そうではありませんか。しあわせとは何か、を。

(『天声人語　7』疋田桂一郎／朝日新聞社出版局)

※例題（P.144）と同じ長文です。

(問)空欄［ A ］に入る語句として、最も適切なものを選びなさい。

1　しかし

2　とはいえ

3　だから

4　むしろ

5　ましてや

## 解 説

空欄の前までの文章で述べていることを端的にまとめ、その内容から、空欄の前後の文の関係を推測する。

**●空欄の前**　なにを食べたら満ち足りるのかがわからない。だれかにたずねようとしても、専門家がいないのが生きがい論の特徴

**●空欄を含む文**　「心の時代」は、［　A　］「心の飢餓感にさいなまれる時代」でもある。

空欄を含む文の直前までの内容を端的にいうと、「（心の時代には）なにを食べたらよいのかわからない。たずねることもできない」ということ。
つまり、答えがないので食べたくても食べられない。この状態からは、空欄の後の「飢餓感にさいなまれる」という結果が当然予想される。したがって、空欄には、順接の接続詞「だから」が入る。

「接続詞」は文や文節どうしをつなぐ働きをもつ言葉のこと。「順接」は、前の文や内容を受けて、次の文が続く場合の接続詞。「だから」のほかにも、「したがって」「ゆえに」「それゆえ」「すると」などがある。
その他の選択肢は以下の通り。
1 しかし　2 とはいえ：前の文や内容を否定する働きをする逆接の接続詞。
4 むしろ：あちらよりもこちらを選ぶという意味の副詞。
5 ましてや：なおさらという意味の副詞。

**正解　3**

## 練習問題2 長文読解

次の文章を読んで、後の質問に答えなさい。

生きがい論がはやっている。幸福とはなにか。しあわせの指標はなんだろう。いったい何が真の豊かさなのか。(あ)ひもじかった戦後の何年間かが「胃袋の時代」だったとすると、その後「経済成長の時代」をへて、いま「心の時代」にさしかかったのではないかと思う。(い)経済成長だけでは幸福にはなれない、ということに私たちは気がついた。(う)一斉に、生活実感としてそれを悟った。じつに大変な発見で、この発見の意味深さは、①まだ十分に知られていない。(え)つきつめていくと、これを境に文明の歴史が変わるだろう、という思想家もあった。(お)では、幸福とはなにかだが、困ったことに、だれもが納得できる回答は、まだない。「胃袋の時代」には、食べて胃袋を満たせばよかった。しかし「心の時代」の心は、なにを食べたら満ち足りるのかがわからない。(か)だれかにたずねようとしても、およそ専門家がいないのが、生きがい論の特徴だという。(き)「心の時代」は、［ A ］「心の飢餓感にさいなまれる時代」でもある。(く)人々はまだ、駆け足成長時代の癖を卒業していなくて、生きがい追求をいそぎ過ぎていはしないか、と考える。ひとつの変種が異常犯罪や趣味風俗のどぎつさだろう。(け)おとなも若ものも、子どもまでがつがつしている。(こ)心の飢えを満たすものが、劇薬のような極端なイデオロギーでないことだけはたしかだ。しかし、精神的な豊かさは、自由とか社会正義なしには考えられない。(さ)また、国が国として国際社会のなか②で良いことに奉仕しているんだ、という安心感。これも私たち日常の生きがいに結びつくような気がする。(し)まあ、あわてず、さわがず、で今年はいきたい。そして、休み休み、じっくりと捜そうではありませんか。しあわせとは何か、を。

（『天声人語　7』疋田桂一郎／朝日新聞社出版局）

※例題（P.144)、練習問題（P.146）と同じ長文です。

(問)下線部①「まだ十分に知られていない」について、知られていないとされていることが何を指しているのか、正しいものを選びなさい。

1　しあわせの指標が、すでに存在していること

2　「心の時代」の発見には、歴史が変わる可能性があること

3　幸福にはなれないという、私たち自身の自覚

4　生きがい論がはやっていること

5　経済成長だけでは幸福になれないという発見の大変さ

## 解説

下線部を含む文章から、「この発見の意味深さ」が何かを、1 文ずつさかのぼって見ていく。

**下線部を含む文**

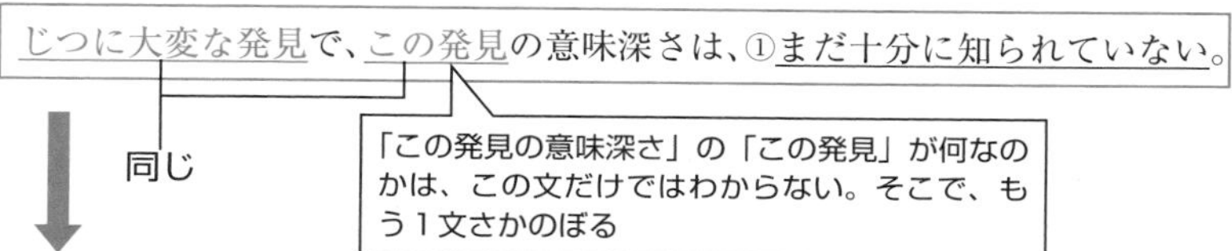


**下線部を含む文の1文前**

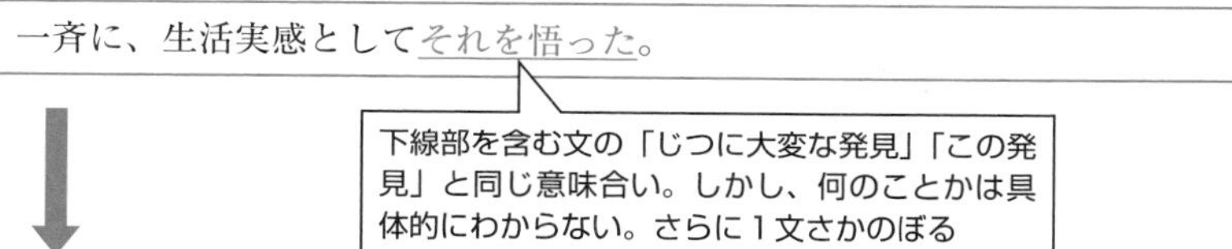


**下線部を含む文の2文前**

経済成長だけでは幸福にはなれない、ということに私たちは気がついた。

「気がついた」＝「発見」「悟った」。下線部を含む文の「この発見」の内容は、「経済成長だけでは幸福にはなれない」こと

「この発見の意味深さ」とは、「経済成長だけでは幸福になれないという発見の意味深さ」と言い換えることができる。5が正解。

下線部を含む文章に「(この発見の)**意味深さ**」とあることに注意。「知られていない」のは発見そのものではなく、その発見の「意味深さ」。5の「大変さ」はこれを言い換えたもの。

**正解 5**

# 練習問題③ 長文読解

次の文章を読んで、後の質問に答えなさい。

生きがい論がはやっている。幸福とはなにか。しあわせの指標はなんだろう。いったい何が真の豊かさなのか。(あ)ひもじかった戦後の何年間かが「胃袋の時代」だったとすると、その後「経済成長の時代」をへて、いま「心の時代」にさしかかったのではないかと思う。(い)経済成長だけでは幸福にはなれない、ということに私たちは気がついた。(う)一斉に、生活実感としてそれを悟った。じつに大変な発見で、この発見の意味深さは、①<u>まだ十分に知られていない</u>。(え)つきつめていくと、これを境に文明の歴史が変わるだろう、という思想家もあった。(お)では、幸福とはなにかだが、困ったことに、だれもが納得できる回答は、まだない。「胃袋の時代」には、食べて胃袋を満たせばよかった。しかし「心の時代」の心は、なにを食べたら満ち足りるのかがわからない。(か)だれかにたずねようとしても、およそ専門家がいないのが、生きがい論の特徴だという。(き)「心の時代」は、[ A ]「心の飢餓感にさいなまれる時代」でもある。(く)人々はまだ、駆け足成長時代の癖を卒業していなくて、生きがい追求をいそぎ過ぎていはしないか、と考える。ひとつの変種が異常犯罪や趣味風俗のどぎつさだろう。(け)おとなも若ものも、子どもまでがつがつしている。(こ)心の飢えを満たすものが、劇薬のような極端なイデオロギーでないことだけはたしかだ。しかし、精神的な豊かさは、自由とか社会正義なしには考えられない。(さ)また、国が国として国際社会のなか②<u>で</u>良いことに奉仕しているんだ、という安心感。これも私たち日常の生きがいに結びつくような気がする。(し)まあ、あわてず、さわがず、で今年はいきたい。そして、休み休み、じっくりと捜そうではありませんか。しあわせとは何か、を。

(『天声人語　7』疋田桂一郎／朝日新聞社出版局)

※例題（P.144)、練習問題（P.146・148）と同じ長文です。

(問)下線部②の「で」と文法的に同じ使われ方をしている「で」は次のうちどれか。

1　市内全域<u>で</u>利用できる

2　どうしたこと<u>で</u>しょう

3　不況の一因はこれ<u>で</u>ある

4　水を飲ん<u>で</u>寝る

5　それほど違うもの<u>で</u>はない

## 解　説

国際社会のなかで　→　国際社会のなかにおいて　と言い換えてみる。

↓

文章として成立するのは 1 の「市内全域で利用できる」だけ。

この「で」は格助詞。ここでは、動作・作用の行われる場所を表している

その他の選択肢の意味は以下の通り。

2　どうしたことでしょう：「でしょう」は丁寧の断定の助動詞「です」の未然形「でしょ」に推量の助動詞「う」の付いたもの。

3　不況の一因はこれである：断定の助動詞「だ」の連用形「で」。

4　水を飲んで寝る：接続助詞「て」が動詞「飲む」に付いて「で」となったもの。

5　それほど違うものではない：「ではない」は連語「では」に形容詞「ない」の付いたもの。

**正解　1**

※言葉の定義は『大辞林第三版』（三省堂）から引用しました。

# 練習問題④ 長文読解

次の文章を読んで、後の質問に答えなさい。

生きがい論がはやっている。幸福とはなにか。しあわせの指標はなんだろう。いったい何が真の豊かさなのか。(あ)ひもじかった戦後の何年間かが「胃袋の時代」だったとすると、その後「経済成長の時代」をへて、いま「心の時代」にさしかかったのではないかと思う。(い)経済成長だけでは幸福にはなれない、ということに私たちは気がついた。(う)一斉に、生活実感としてそれを悟った。じつに大変な発見で、この発見の意味深さは、①まだ十分に知られていない。(え)つきつめていくと、これを境に文明の歴史が変わるだろう、という思想家もあった。(お)では、幸福とはなにかだが、困ったことに、だれもが納得できる回答は、まだない。「胃袋の時代」には、食べて胃袋を満たせばよかった。しかし「心の時代」の心は、なにを食べたら満ち足りるのかがわからない。(か)だれかにたずねようとしても、およそ専門家がいないのが、生きがい論の特徴だという。(き)「心の時代」は、［ A ］「心の飢餓感にさいなまれる時代」でもある。(く)人々はまだ、駆け足成長時代の癖を卒業していなくて、生きがい追求をいそぎ過ぎていはしないか、と考える。ひとつの変種が異常犯罪や趣味風俗のどぎつさだろう。(け)おとなも若ものも、子どもまでがつがつしている。(こ)心の飢えを満たすものが、劇薬のような極端なイデオロギーでないことだけはたしかだ。しかし、精神的な豊かさは、自由とか社会正義なしには考えられない。(さ)また、国が国として国際社会のなか②で良いことに奉仕しているんだ、という安心感。これも私たち日常の生きがいに結びつくような気がする。(し)まあ、あわてず、さわがず、で今年はいきたい。そして、休み休み、じっくりと捜そうではありませんか。しあわせとは何か、を。

(『天声人語 7』疋田桂一郎／朝日新聞社出版局)

※例題（P.144）、練習問題（P.146・148・150）と同じ長文です。

(問)この長文で作者が述べようとしたことは何か。最も適切なものを選びなさい。

1 心の時代には、満足できるような食べ物がなにかわからないということを述べている

2 精神的な余裕を持ち、いそぎ過ぎずに幸福を追求していくべきだということを述べている

3 生きがい論には、誰もが納得できる回答がないということを述べている

4 経済成長の時代から、心の時代に変わりつつあるということを述べている

5 日本人は経済成長の時代には幸福だったが、心の時代になって不幸になりつつあるということを述べている

## 解　説

以下の２点から、各選択肢の正誤を判断する方法で解く。

①**長文に書いてあることか**（＝作者が述べようとしたことか）
②**書いてある場合、作者が最も言いたいことかどうか**（＝最も適切なものかどうか）

これらの点から選択肢を検討すると、2の「精神的な余裕を持ち、いそぎ過ぎずに幸福を追求していくべきだということを述べている」が最も適切。
○ ①**長文に書いてある**
○ ②**長文の（し）以下、結びになっている内容の言い換えである**

その他の選択肢が適切でない理由は以下の通り。
1　長文に書かれているが、食べ物は「幸福とはなにか」という答えがないことのたとえにすぎない。
3　長文に書かれているが、作者が最も言いたいことは生きがい論に答えがないということではない。
4　長文に書かれているが、時代の移り変わりそのものは、作者が最も言いたいことではない。
5　長文に書かれていない。経済成長の時代に幸福だったという記述も、心の時代に不幸になりつつあるという記述もない。

**正解　2**

## Webサイトでも貴重な情報をお知らせしています

「SPI ノートの会」は、独自の Web サイトを開設しています。
https://www.spinote.jp/

就活生、転職志望者、大学就職課、そして、企業の人事担当者にも活用していただける貴重な採用テスト情報・就活情報を公開しています。今後も続々と新情報を掲載しますので、乞うご期待！

# 5章

# SCOA 常識

# SCOA 常識問題の概要

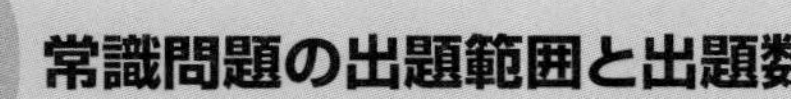

## 常識問題の出題範囲と出題数

| | 出題数 | 掲載ページ |
|---|---|---|
| 社会 | 10問 | P.158 |
| 理科 | 10問 | P.178 |

※上表のデータは、SPIノートの会の独自調査によるものです。無断転載を禁じます。



SCOAの常識では、学校で習った社会、理科の知識を試す問題が出題されます。

社会は、地理、歴史、公民から幅広く出題されます。理科は、生物、化学、地学、物理から幅広く出題されます。中学校レベルの問題が出題されますが、中には高校レベルの問題もあります。

## 常識問題の設問内容と対策

**●社会**

日本の面積や、国民の三大義務など、社会の基礎的な知識が問われます。忘れている人は、思い出しておきましょう。歴史では、高校で習う世界史の範囲から出題されることがあります。

**社会は、ほぼ全問が知識問題です。問題を何度も繰り返して、覚えてしまいましょう。**

### ●理科

酸化還元反応式や仕事率など、理科から遠ざかっている人には難しく感じられる問題が多く出題されます。

**化学や物理では、計算を伴う問題も出題されます。公式などを覚えておくとともに、解き方に慣れておきましょう。生物や地学は、ほとんどが知識問題です。問題を何度も繰り返して、覚えてしまいましょう。**

社会も理科も出題範囲は幅広く、全範囲を完全に対策しようと考えると、かなり大変です。

現実的な対策方法は、本書を使って、SCOAでよく出る問題を集中的に対策することです。SCOAの常識では、よく出る問題はある程度限られているからです。

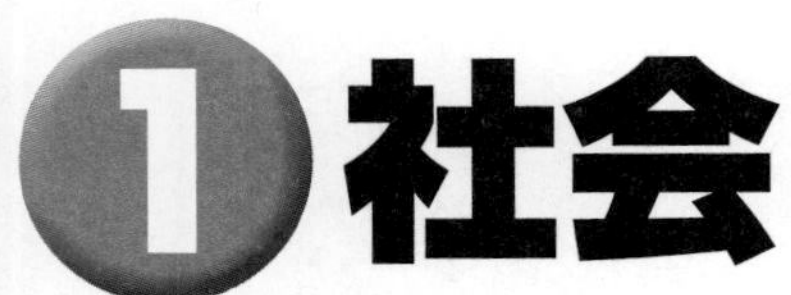

# 1 社会

ここがポイント!

**地理、歴史、公民などから幅広く出題される**

◉基礎的な問題が出題される

◉再現問題に取り組み、忘れている内容を思い出そう

**【例題】**

次の質問に答えなさい。

日本でフェーン現象が起こりやすいのは、次のうちどれか。

1　冬の瀬戸内海

2　冬の日本海側

3　冬の沖縄

4　春先の太平洋側

5　春先の日本海側

## カンタン解法

「フェーン」とは「山から吹きおろす乾いた熱風」のこと。

日本では、春から秋にかけて全国的に南風が強い場合に、風下にあたる日本海側でフェーン現象が発生しやすいとされている。選択肢で該当するのは **5** の「春先の日本海側」。

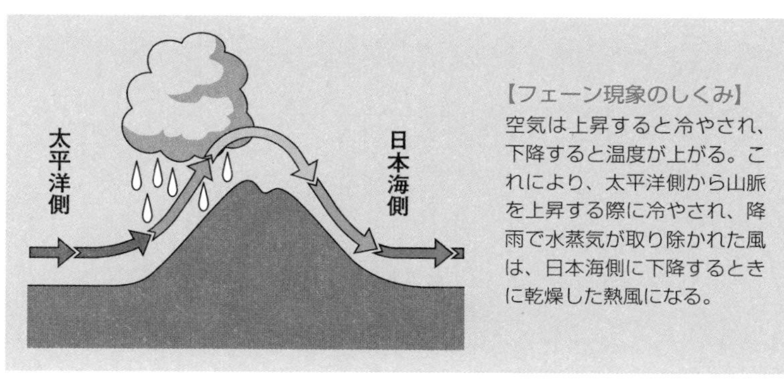


**正解 5**

※言葉の定義は『大辞林第三版』（三省堂）から引用しました。

5章 社会

# 練習問題 1 社会(地理)

次の各質問に答えなさい。

(1) オーストラリアの面積は約769万km$^2$である。日本の面積の約何倍にあたるか。

1　5倍

2　15倍

3　20倍

4　40倍

5　60倍

(2) モンゴルの首都であるウランバートルの気候は次のうちどれか。

1　ステップ気候

2　砂漠気候

3　ツンドラ気候

4　温暖湿潤気候

5　サバナ気候

(3) ドイツ南部に端を発し、東方向に流れて黒海へ注ぐ国際河川である。ドイツ、オーストリアや東ヨーロッパのいくつかの国を流域とし、重要な交通路となっている、この河川の名称は次のうちどれか。

1　セーヌ川

2　ドナウ川

3　ルール川

4　ドニエプル川

5　ライン川

## 解　説

(1) 日本の面積は約 38 万 $km^2$。オーストラリアの面積は、問題から約 769 万 $km^2$ なので、日本の面積の約 20 倍に相当する。

769 ÷ 38 = 20.23… ➡ 約 20 倍

(2) ウランバートルの気候は、「ステップ気候」。

ステップ気候は、乾燥帯（1年を通じて降水量が少ない気候帯）の気候の1つで、年に数か月の雨季がある。

> 世界の気候は一般的に「熱帯」「温帯」「亜寒帯（冷帯）」「乾燥帯」「寒帯」の5つに分類される。日本は、多くの地域が温帯に属する。

(3)「国際河川」とは、「数か国の国境となったり、また数か国を貫流する河川で、条約によって諸国の船舶の自由航行が認められているもの」。選択肢にある河川のうち、ドイツ南部から黒海へ流れる国際河川は 2 の「ドナウ川」だけ。

> 5の「ライン川」も国際河川だが、流域はスイスからオランダまで。

**正解**　(1) **3**　(2) **1**　(3) **2**

# 練習問題② 社会（地理）

次の各質問に答えなさい。

(1) ヨーロッパ北部のスカンジナビア半島などに見られる、氷河によって削られた谷に海水が深く入り込んだ氷河地形を何というか。

1　タイガ
2　フィヨルド
3　カルスト
4　海溝
5　ツンドラ

(2) 地球儀に引かれた線のうち、赤道に平行に引かれた線を何というか。

1　等深線
2　地平線
3　等高線
4　経線
5　緯線

(3) アメリカ合衆国の中央部を流れ、多くの支流を持つ、北アメリカ大陸最長の川は次のうちどれか。

1　ミシシッピ川
2　ナイル川
3　ハドソン川
4　アマゾン川
5　アムール川

## 解　説

(1) スカンジナビア半島などに見られる氷河地形はフィヨルド。

フィヨルドは、氷河が形成したU字谷に海水が浸入して、陸地に深く入り込んだもの。

(2) 地球儀で、赤道に平行に引かれた線は緯線。

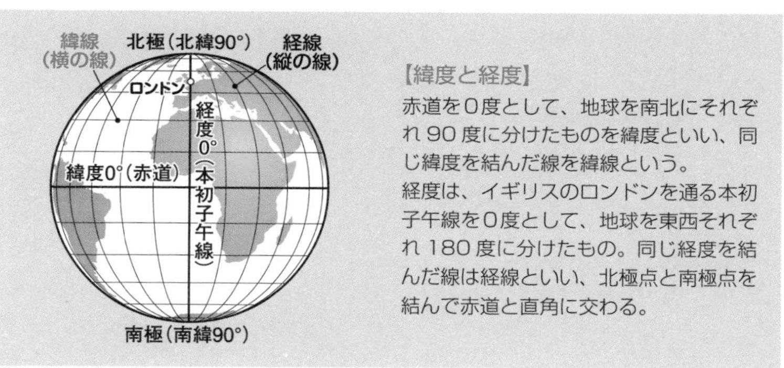


【緯度と経度】
赤道を0度として、地球を南北にそれぞれ90度に分けたものを緯度といい、同じ緯度を結んだ線を緯線という。
経度は、イギリスのロンドンを通る本初子午線を0度として、地球を東西それぞれ180度に分けたもの。同じ経度を結んだ線は経線といい、北極点と南極点を結んで赤道と直角に交わる。

(3) 北アメリカ大陸で最長の川はミシシッピ川。多くの川と合流しながらメキシコ湾に注ぐ。

**正解**　(1) 2　(2) 5　(3) 1

5章 社会(地理)

## 練習問題 ③ 社会（歴史）

次の各質問に答えなさい。

(1) 聖書第一主義と「人は信仰によってのみ救われる」という信仰義認説（しんこうぎにんせつ）を説き、ローマ教皇レオ10世の贖宥状（しょくゆうじょう）販売を批判した、16世紀ドイツの宗教改革の中心人物は誰か。

1　ルソー
2　モンテーニュ
3　トマス・モア
4　ルター
5　マックス・ヴェーバー

(2) 太平洋戦争終結後、連合国軍最高司令官として日本占領の指揮をとった人物は誰か。

1　マッカーサー
2　フーヴァー
3　ウィルソン
4　トルーマン
5　チャーチル

(3) パルテノン神殿がある都市は次のうちどれか。

1　パリ
2　ロンドン
3　イスタンブール
4　ローマ
5　アテネ

## 解 説

（1）16 世紀ドイツの宗教改革の中心人物はルター（マルティン・ルター）。教皇レオ 10 世が行った、サン・ピエトロ大聖堂の新築資金捻出のための贖宥状（免罪符）販売を批判する書簡『九十五カ条の論題』を記した。

（2）日本占領の指揮をとった人物はマッカーサー。1945 年から 1951 年まで、連合国軍最高司令官総司令部（GHQ）の最高司令官をつとめた。

（3）パルテノン神殿がある都市はギリシャのアテネ。
パルテノン神殿は古代ギリシャ時代に建設された、ドーリア式（ドリス式）の代表的な建造物。

【ドーリア式とは】

ドーリア式（ドリス式）とは、古代ギリシャ建築前期の様式の 1 つ。イオニア式（中期）、コリント式（後期）と並ぶ主要な建築様式。柱身に「エンタシス」と呼ばれるふくらみがある。

（『詳説 世界史』／山川出版社より転載）

**正解**　（1）**4**　（2）**1**　（3）**5**

5章 社会（歴史）

# 練習問題④ 社会（歴史）

次の各質問に答えなさい。

(1) 江戸時代の後期に流行した文学ではないものは次のうちどれか。

1　洒落本
2　滑稽本
3　人情本
4　黄表紙
5　浮世草子

(2) ロシアのアレクサンドル２世の治世下で、農奴解放令が出されたきっかけとなった戦争は次のうちどれか。

1　ロシア遠征
2　日露戦争
3　クリミア戦争
4　北方戦争
5　第一次露土戦争

(3) 弥生土器を説明したものとして、誤っているのはどれか。

1　東日本だけに分布している
2　高温で焼かれ、薄手である
3　赤褐色である
4　模様が簡単である
5　穀物の調理や保存に使われた

## 解説

（1）江戸時代後期の文学でないものは、浮世草子（うきよぞうし）。

江戸時代を前後半に分けた場合、浮世草子は前半の元禄（げんろく）文化に属する小説の一形態。その他の選択肢（洒落本（しゃれぼん）、滑稽本（こっけいぼん）、人情本、黄表紙（きびょうし））は、後半の化政（かせい）文化に属するもの。

浮世草子で有名な人物は井原西鶴（いはらさいかく）で、『好色一代男（こうしょくいちだいおとこ）』などの作品がある。

（2）ロシアの農奴解放のきっかけとなった戦争は、クリミア戦争。

クリミア戦争（1853 ～ 1856 年）後、ロシアでは、アレクサンドル2世によって社会制度改革が行われた。その1つが 1861 年の農奴解放令。

（3）弥生土器が使用された弥生時代の集落は、東日本、西日本の両方で発見されている。

したがって、1の「東日本だけに分布している」が誤り。

**正解**　（1）5　（2）3　（3）1

## 練習問題 5 社会（歴史）

次の各質問に答えなさい。

(1) 次の中で、豊臣秀吉とは関係ないものはどれか。

1 バテレン追放令
2 武家諸法度
3 太閤検地
4 文禄の役
5 刀狩令

(2) ニューディール政策を推進し、世界恐慌に対処した、アメリカ合衆国第 32 代大統領は誰か。

1 アイゼンハワー
2 ニクソン
3 ハーディング
4 ローズベルト
5 ケネディ

(3) 日本に現存する最古の歌集は次のうちどれか。

1 古事記
2 古今和歌集
3 万葉集
4 日本書紀
5 金槐和歌集

## 解　説

(1) 豊臣秀吉とは関係ないのは武家諸法度（ぶけしょはっと）。武家諸法度は、江戸幕府が定め、諸大名の統制をはかったもの。居城の修理の制限、幕府に無断で婚姻を結ぶことの禁止、参勤交代の制度などを規定した。

(2) アメリカ合衆国第 32 代大統領はフランクリン・ローズベルト（ルーズベルト）。政府が積極的に経済に介入するニューディール政策を推進、経済の立て直しをはかった。

ニューディールは「新規まき直し」の意味。テネシー川流域開発公社（TVA）による大規模な公共事業が有名。失業者の救済や電力価格の低下をはかった。

(3) 日本に現存する最古の歌集は万葉集。

万葉集は、和歌約 4500 首が収められた歌集。奈良時代の歌人である大伴家持（おおとものやかもち）が編纂（さん）に携わったとされている。

**正解**　(1) 2　(2) 4　(3) 3

5章 社会(歴史)

# 練習問題⑥ 社会（公民）

次の各質問に答えなさい。

(1) 1919 年のベルサイユ条約に基づいて設立され、1946 年に国際連合の専門機関となった、国際的な規模での労働条件の改善を目指す機関の略称は何か。

1 UNESCO
2 WHO
3 ILO
4 WTO
5 IMF

(2) 衆議院にしか権限がないものは次のうちどれか。

1 内閣総理大臣の指名
2 予算の議決
3 条約の承認
4 法律案の議決
5 内閣不信任の決議

(3) 円安に関する記述で、適切なものは次のうちどれか。

1 円安になると、日本からの輸出品の海外での価格は上昇する
2 円安では、例えば 1 ドル＝ 100 円だったものが 1 ドル＝ 90 円になる
3 円安になると、長期的には、海外から日本への輸入量、日本から海外への輸出量ともに増える
4 円安になると、海外からの輸入品の日本での価格は上昇する
5 円安になると、長期的には、海外から日本への輸入量は増え、日本から海外への輸出量は減る

## 解　説

(1) 労働条件の改善を目指す国際連合の専門機関は「国際労働機関（International Labour Organization)」といい、略称は ILO。スイスのジュネーブに本部が置かれている。

(2) 衆議院にしか権限がないものは内閣不信任の決議。

その他の選択肢（内閣総理大臣の指名、予算の議決、条約の承認、法律案の議決）は、衆議院が参議院より強い権限を与えられているもの（衆議院の優越）。

内閣不信任が決議されると、内閣は 10 日以内に衆議院を解散するか、総辞職をしなければならない。なお、衆議院に参議院よりも強い権限が与えられているのは、衆議院が参議院と比べると任期が短く、解散もあることから、国民の意思を強く反映していると考えられているため。

(3) 円安に関する記述として適切なものは4。

円の対外的な価値が高まることを円高といい、価値が低くなることを円安という。

例えば、 1 ドル＝ 100 円から 1 ドル＝ 150 円と円安になった場合、1000 ドルの商品の日本への輸入価格は 10 万円から 15 万円に上昇する。

**正解**　(1) 3　(2) 5　(3) 4

# 練習問題 7 社会（公民）

次の各質問に答えなさい。

(1) 労働基準法には年少者の使用に関する規定があるが、その中で、労働者として使用してよいのは次のいずれの年齢に達している場合か。

1　満 14 歳に達した日以後の最初の3月 31 日が終了した者

2　満 12 歳に達した日以後の最初の3月 31 日が終了した者

3　満 16 歳に達した日以後の最初の3月 31 日が終了した者

4　満 18 歳に達した日以後の最初の3月 31 日が終了した者

5　満 15 歳に達した日以後の最初の3月 31 日が終了した者

(2) 不景気のとき、景気の立て直しを図るために実施される方策として、正しくないものは次のうちどれか。

1　日本銀行が、一般の銀行に手持ちの国債などを売る

2　政府が減税を行う

3　日本銀行が、預金準備率を下げる

4　日本銀行が、一般の銀行から国債などを買い上げる

5　政府が財政支出を増やす

(3)「ゆりかごから墓場まで」というスローガンが指すような、充実した社会保障制度を最初に実現した国は次のうちどれか。

1　オーストラリア

2　アメリカ

3　デンマーク

4　イギリス

5　スウェーデン

## 解　説

（1）労働基準法の第56条で「使用者は、児童が満15歳に達した日以後の最初の3月31日が終了するまで、これを使用してはならない」と定められている。

「労働基準法」は、労働についての条件を定めた法律の名前。労働時間や賃金など、さまざまな規定がある。

（2）正しくないのは 1 。

不景気のとき、日本銀行（中央銀行）は金融緩和政策によって通貨量を増やし、経済の活発化を図る。1 は景気の過熱が心配されるときに、通貨量を抑えるために行われる金融引き締め政策。

他の選択肢の記述はいずれも正しい。

（3）イギリスでは、ベバリッジらによる 1942 年の報告書に基づいて、社会保障制度が整備された。「ゆりかごから墓場まで」は、第二次世界大戦後、イギリス労働党が標語として使った言葉。生涯にわたり社会保障が実施されることを表す。

**正解**　（1）5　（2）1　（3）4

# 練習問題 8 社会（公民）

次の各質問に答えなさい。

(1) 日本と同じく二院制を採用し、かつ両院とも国民が直接的に選出した代表者で組織されている国は次のうちどれか。

1　フィンランド
2　アメリカ
3　フランス
4　中国
5　ドイツ

(2) 日本国憲法で定められている「国民の義務」は、「納税の義務」のほか、どれがあるか。

1　勤労の義務
2　普通教育を受けさせる義務
3　勤労の義務と普通教育を受けさせる義務
4　投票の義務
5　納税の義務だけ

(3) 「隣家で連日のようにラジオが深夜まで大音量でつけ放されているので、睡眠不足が重なり、我が家では体調を崩す者が出た。しかし、隣家は地元の名士なので、苦情が言いづらい」という場合、どの権利が侵害されているといえるか。

1　自衛権
2　社会権
3　平等権
4　請願権
5　自由権

## 解　説

(1) 日本は衆議院と参議院の二院制で、両院とも直接選挙によって代表者が選出される。同じく二院制で、両院とも代表者が直接選挙で選出されるのはアメリカ。アメリカの連邦議会は上院（元老院）、下院（代議院）の二院制で、両院とも、議員は直接選挙によって選ばれる。

その他の選択肢の国の議会制度は、以下の通り。
1 のフィンランド、4 の中国は一院制。3 のフランスは二院制だが、片方の議院は間接選挙により代表者が選出される。5 のドイツは二院制だが、片方の議院は任命制。

(2) 日本国憲法で定められている国民の三大義務は以下の通り。

・普通教育を受けさせる義務（第 26 条 2 項）
・勤労の義務（第 27 条 1 項）
・納税の義務（第 30 条）

(3) 社会権は、社会の中で人間が人間らしく生きるための権利の総称を指す。問題の状況では、社会権の 1 つである生存権が侵害されている。生存権は、日本国憲法第 25 条 1 項で定められた、健康で文化的な最低限度の生活を営む権利のこと。

その他の選択肢の権利は、以下の通り。

1　自衛権＝「外国からの違法な侵害に対して自国を防衛するために緊急の必要がある場合、それに反撃するために必要な限度で武力を行使する権利」
3　平等権（法の下の平等）＝「権利の享有や義務の負担に関して、全ての人が法律上平等に取り扱われなければならないとする原則」
4　請願権＝「国または地方公共団体に対して請願できる権利」
5　自由権＝「個人の自由が国家権力の干渉・介入を受けることのない権利」

**正解**　(1) **2**　(2) **3**　(3) **2**

※言葉の定義は『大辞林第三版』（三省堂）から引用しました。

# 練習問題 9 社会（公民）

次の各質問に答えなさい。

(1) 日本の三権分立に関する次の記述のうち、正しくないものはどれか。

1　内閣（行政権）は、最高裁判所長官の指名や、その他の裁判官の任命を行う

2　裁判所（司法権）は、国会に対して裁判官弾劾裁判所を設置する

3　国会（立法権）は、内閣総理大臣の指名や、内閣不信任決議を行う

4　裁判所（司法権）は、国会の制定した法律などが憲法に反していないかどうかを審査する違憲立法審査権を持つ

5　内閣（行政権）は、国会の召集や、衆議院の解散権を持つ

(2) アジア太平洋経済協力（APEC）に参加していない国は次のうちどれか。

1　メキシコ

2　カナダ

3　パプアニューギニア

4　アルゼンチン

5　中国

## 解　説

（1）正しくないのは 2。

三権分立とは「国家権力を、立法・行政・司法のそれぞれ独立した機関に担当させ、相互に抑制・均衡をはかることによって、権力の乱用を防ぎ、国民の権利・自由を確保しようとする原理」のこと。日本国憲法では、立法権は国会に、行政権は内閣に、司法権は裁判所に帰属するとしている。裁判官弾劾裁判所は、国会（立法権）が裁判所（司法権）に対して設置する。他の選択肢の記述はいずれも正しい。

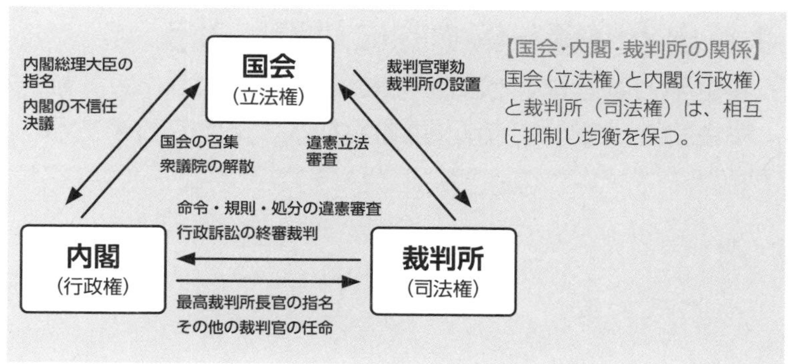


（2）アジア太平洋経済協力（APEC）の参加国でないのは 4。

「アジア太平洋経済協力（Asia Pacific Economic Cooperation）」は、アジア太平洋地域の国と地域が参加する経済協力の枠組みで、APEC は略称。1989 年に閣僚会議として開始した。

**正解**　（1）2　（2）4

※言葉の定義は『大辞林第三版』（三省堂）から引用しました。

5章 社会

# ②理科

ここがポイント!

**生物、化学、地学、物理から幅広く出題される**

◉出題範囲は幅広く、理科から遠ざかっている人には難しく感じられる問題が多いが、よく出る問題は限られる

◉よく出る問題を集中的に対策しよう

- ●化学と物理は、公式や求め方を覚えよう
- ●生物と地学は、暗記問題が中心。覚えてしまおう

**【例題】**

次の質問に答えなさい。

酸化還元反応でないものは、次の反応式のうちどれか。

1　$2Na + 2H_2O \rightarrow 2NaOH + H_2$

2　$2KI + Cl_2 \rightarrow 2KCl + I_2$

3　$2H_2S + O_2 \rightarrow 2S + 2H_2O$

4　$AgNO_3 + NaCl \rightarrow NaNO_3 + AgCl$

5　$SO_2 + Cl_2 + 2H_2O \rightarrow H_2SO_4 + 2HCl$

## カンタン解法

酸化は「酸素と結びつく」「水素を失う」「電子を失う」反応であり、還元はその反対の反応である。酸化還元反応かどうかは酸化数の増減で判断する。同じ原子（例えばH）の酸化数が、反応の前後で異なっていれば酸化還元反応だといえる。酸化数の求め方は以下の通り。

| 原子 | | 酸化数 |
|---|---|---|
| 単体（1 種類の元素からなる。$H_2$、$O_2$ など） | | 0 |
| 化合物（2種類以上の元素が結合。$H_2O$、NaOH など） | 水素（H)、アルカリ金属（Li、Na、K など） | ＋1 |
| | 酸素（O） | －2 |
| | その他の原子 | 「化合物を構成する原子の酸化数の合計が0」になるよう計算で求める |

※ほかにも酸化数の決まりはあるが、この問題では以上で充分。

同じ原子でも、単体と化合物とでは酸化数が変わることに注目し、反応の前後で、単体から化合物（逆でもよい）に変わったものを探すと手早く答えにたどり着ける。

1　$2Na+2\underset{+1}{\underline{H_2}}\,\underset{-2}{\underline{O}} \rightarrow 2NaOH+\underset{0}{\underline{H_2}}$　Hの酸化数が異なる

2　$2KI+\underset{0}{\underline{Cl_2}} \rightarrow 2\underset{+1}{\underline{K}}\,\underset{-1}{\underline{Cl}}+I_2$　Clの酸化数が異なる

3　$2H_2S+\underset{0}{\underline{O_2}} \rightarrow 2S+2\underset{+1}{\underline{H_2}}\,\underset{-2}{\underline{O}}$　Oの酸化数が異なる

5　$SO_2+\underset{0}{\underline{Cl_2}}+2H_2O \rightarrow H_2SO_4+2\underset{+1}{\underline{H}}\,\underset{-1}{\underline{Cl}}$　Clの酸化数が異なる

いずれも反応前後で酸化数が異なる原子があるので、酸化還元反応。
残る4が正解。

**正解　4**

5章 理科

# 練習問題 1 理科（化学）

次の質問に答えなさい。

(1) Mg の原子量は 24、原子番号は 12 である。$Mg^{2+}$ のもつ核外電子数は、次のうちどれか。

1　26

2　22

3　15

4　12

5　10

(2) 次のうち、二酸化炭素が水に最もよく溶ける条件はどれか。

1　低温で低圧

2　低温で高圧

3　高温で低圧

4　高温で高圧

5　水にうすい塩酸を加える

## 解　説

(1) 核外電子は原子核のまわりにある電子のことで、原子が中性（Mg)ならば、核外電子の数は原子番号と同じ。これに対してイオン（$Mg^{2+}$)では、電子の移動の分だけ核外電子数も変わる。$Mg^{2+}$ は、電子を 2 個失ったイオンなので、核外電子数は Mg より 2 少ない。

Mg の核外電子数 ➡ 原子番号と同じ 12

$Mg^{2+}$ の核外電子数 ➡ Mg の核外電子数 12 から 2 を引いた 10

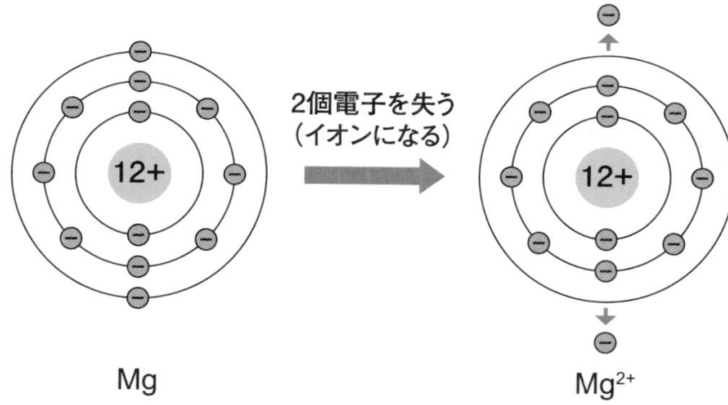


(2) 選択肢の中で最もよく水に溶けるのは、低温で高圧のとき。

身近な応用例として炭酸飲料がある。炭酸飲料は、二酸化炭素に高い圧力をかけて水に溶かしている。ふたをあけると圧力が下がり、高圧下で溶けていた二酸化炭素が水の外に出ていくため、炭酸が抜ける（気が抜ける）のである。

また、炭酸飲料は、温めると気が抜けやすくなる。これも、溶けきれなくなった二酸化炭素が水の外に出ていくためである。

**正解**　(1) **5**　(2) **2**

# 練習問題② 理科（化学）

次の質問に答えなさい。

（1）水を電気分解するときに、水に加える物質として最も適切なものは、次のうちどれか。

1 塩酸
2 砂糖
3 塩化銅
4 水酸化ナトリウム
5 エタノール

（2）次のうち、水の電気分解を表す化学反応式はどれか。

1 $H_2O \rightarrow H_2 + O$
2 $H_2O \rightarrow 2H + O$
3 $2H_2O \rightarrow 2H_2 + O_2$
4 $2H_2O \rightarrow 2H_2 + O$
5 $2H_2O_2 \rightarrow 2H_2 + O_2$

## 解　説

（1）１種類の物質から、２種類以上の別の物質ができる変化（化学変化）を分解という。水は加熱しても、水蒸気になるだけで分解しないが、電流を流すと水素と酸素に分解する。電流を流して分解することを、電気分解という。純粋な水にはほとんど電流が流れないため、電気分解をするときには、水に水酸化ナトリウムや硫酸などを加えて、電流を流しやすくする。選択肢のうち、水に加える物質として最も適切なのは４。

塩化銅や塩酸なども、水に溶かせば電流が流れる（電解質）が、水よりも電気分解されやすい物質のため、水の電気分解には適さない。

（2）水分子は「$H_2O$」、水素分子は「$H_2$」、酸素分子は「$O_2$」。これらを使って、化学反応式を作る。

$2H_2O \rightarrow 2H_2 + O_2$

※左辺、右辺ともそれぞれＨ原子が４個、Ｏ原子が２個。

化学反応式は分子で表す。また左辺と右辺とで原子の数が一致する。他の選択肢は以下のように誤り。

1　$H_2O \rightarrow H_2 + O$　（酸素が分子（$O_2$）ではない）

2　$H_2O \rightarrow 2H + O$　（水素が分子（$H_2$）ではない／酸素が分子（$O_2$）ではない）

4　$2H_2O \rightarrow 2H_2 + O$　（酸素が分子（$O_2$）ではない）

5　$2H_2O_2 \rightarrow 2H_2 + O_2$　（水ではない）

4・5：左辺と右辺とで原子の数が一致しない

**正解**　（1）４　（2）３

5章 理科（化学）

# 練習問題③ 理科(化学)

次の質問に答えなさい。

(1) 海水を分離して、純水を得るのに最も適切な方法はどれか。

1　再結晶
2　ろ過
3　抽出
4　昇華
5　蒸留

(2) 炭素電極を用いて、食塩水を電気分解したとき、陰極から発生する気体は、次のうちどれか。

1　水素
2　酸素
3　塩素
4　二酸化炭素
5　窒素

## 解　説

(1) 海水のような混合物の液体から、純水を分離するときには、蒸留が適している。蒸留は、液体を加熱して沸騰させて、そのときに生じた蒸気を冷やして再び液体にする操作。

1の再結晶は、溶解度の違いなどを利用して結晶中の不純物を取り除く。2のろ過は、ろ紙などを使用して、液体とその液体に溶けない固体を分離する。3の抽出は、溶媒への溶けやすさの違いを利用して目的の物質だけを溶かし出して分離する。4の昇華は、固体が直接気体となる変化を利用して分離する。

(2) 炭素電極を用いて、食塩水（NaCl の水溶液）を電気分解すると、陰極では、$H_2O$ が還元されて水素（$H_2$）となる。陽極では $Cl^-$ が酸化されて塩素（$Cl_2$）となる。

このときの化学反応式は、以下の通り。

陰極：$2H_2O + 2e^- \rightarrow H_2 + 2OH^-$

陽極：$2Cl^- \rightarrow Cl_2 + 2e^-$

全体の反応：$2NaCl + 2H_2O \rightarrow 2NaOH + H_2 + Cl_2$

**正解**　(1) 5　(2) 1

5章 理科（化学）

# 練習問題④ 理科（物理）

次の質問に答えなさい。

（1）電熱器用のニクロム線の長さを$\frac{1}{3}$に切って使った場合、発生する熱量は切る前と比べてどうなるか。ただし、電圧は同じで、抵抗率は一定である。

1 $\frac{1}{9}$

2 $\frac{1}{3}$

3 3倍

4 9倍

5 変わらない

(2) 質量20kgの物体を一定速度で３mつり上げるのに、10秒かかるときの仕事率（ワット)の求め方として正しいものは、次のうちどれか。

1 $\frac{3\times10}{20}$

2 $20\times3\times10$

3 $\frac{20\times3}{10}$

4 $\frac{20\times9.8\times3}{10}$

5 $20\times9.8\times3\times10$

## 解説

(1) 発生する熱量は、ニクロム線の太さに比例し、長さに反比例する。よって、ニクロム線の長さが$\frac{1}{3}$になると、熱量は3倍。

(2) 仕事率の公式は

重力加速度

$$仕事率=\frac{仕事}{時間}$$ ── 仕事＝質量× 9.8m/s² ×高さ

質量 20kg で、高さは 3m、かかった時間は 10 秒なので、公式に当てはめると

仕事＝質量× 9.8m/s² ×高さ＝ 20 × 9.8 × 3

$$仕事率=\frac{仕事}{時間}=\frac{20 \times 9.8 \times 3}{10}$$

**正解**　(1) **3**　(2) **4**

5章 理科(物理)

# 練習問題 5 理科（物理）

次の質問に答えなさい。

(1) 月面上の重力は地球上の約$\frac{1}{6}$である。質量 30kg の物体を月面上でばねばかりを使ってはかると、目盛りは何 kg のところを指すか。

1　1kg

2　3kg

3　5kg

4　10kg

5　30kg

(2) 次のうち、物理的な現象の記述として正しくないものはどれか。

1　鉛直に落下する物体には重力が働いている

2　急停車した電車の乗客が前方に倒れそうになるのは、慣性の法則の例である

3　物体が自由落下するとき、落下の速さは時間に反比例する

4　斜め上向きに投げ出された物体の運動は、水平方向と鉛直方向に分解できる

5　真空中では羽毛と鉄球が同じ速さで落ちる

(1) 月の重力は地球の$\frac{1}{6}$なので、重さも$\frac{1}{6}$になる。

30 ÷ 6 = 5

ばねばかりは5kg のところを指す。

重さとは、物体にはたらく重力の大きさのこと。重力が異なる環境では、重さも異なる。一方、質量は、物体に固有の量であり重力に影響されないので、地球で質量 30kg の物質は、月でも質量 30kg。

(2) 物理的な現象の記述として正しくないものは3。物体が自由落下するとき、落下の速さは時間に比例する（反比例ではない）。他の選択肢の記述はいずれも正しい。

**正解** (1) 3 (2) 3

# 練習問題 6 理科（地学）

次の質問に答えなさい。

(1) 次のうち、地層の上下判定（新旧の関係の判定）の基礎となる事項に関係ないのはどれか。

1 堆積物の粒の大きさ
2 れん痕
3 生痕化石
4 断層
5 斜交葉理

(2) 次のうち、上昇気流が起きないのはどれか。

1 暖かい空気が冷たい空気の上にはい上がる
2 低気圧の中心付近
3 山頂から山頂へと風が吹き抜ける
4 真夏の強い日射によって地面が熱せられる
5 風が高い山にぶつかる

(3) 太陽の色は、スペクトル型から考えると何色か。

1 白
2 赤
3 黄
4 青白
5 青

## 解　説

(1) 関係ないのは4。断層は、地層が圧力などによって割れてずれたものであり、上下判定の基礎となる事項ではない。

地層は、土砂などが積み重なってできたもので、普通は上にいくほど新しい。ただし、地殻変動などにより地層の重なり順が逆転することがあり、そのときには、以下のような事柄に基づいて新旧を判断する。

堆積物の粒の大きさ ➡ 粒が大きいものほど下。
れん痕（こん） ➡ 地層に残った波のあと。とがったほうが上。
生痕（こん）化石 ➡ 足跡やふんなど、動物の生活のあとが化石として残ったもの。化石を残した生物の生息時期などを参考にする。
斜交葉理（しゃこうようり） ➡ 斜めになった層が交差しているもので、上の層が下を切る。クロスラミナ、偽層（ぎそう）ともいう。

(2) 上昇気流が起きないのは3。
風が山の斜面を昇るのであれば上昇気流が起きるが、山頂から山頂に吹き抜けるときには、上昇気流は起きない。
他の選択肢では、いずれも上昇気流が起きる。

(3) 恒星の色と表面温度には関係があり、表面温度が高い星は青く、表面温度が低い星は赤い。これを利用して、恒星を分類したのがスペクトル型。太陽のスペクトル型はGであり色は黄。

| 型 | O | B | A | F | G | K | M |
|---|---|---|---|---|---|---|---|
| 色 | 青 | 青白 | 白 | 淡黄 | 黄 | 橙 | 赤 |

**正解**　(1) 4　(2) 3　(3) 3

# 練習問題 7 理科（地学）

次の質問に答えなさい。

(1) 次のうち、地震の説明として正しくないものはどれか。

1　初期微動の継続時間は、震源からの距離が遠くなるほど長くなる
2　地震の規模はマグニチュード、地面のゆれの大きさは震度で表す
3　震源からの距離が等しい地点では、震度はいずれも同じになる
4　P波が到着すると初期微動が起こり、S波が到着すると主要動が起きる
5　地下の物質の状態によって、地震波の速度が変わる

(2) 南の空に見える星座を、同じ時刻に、同じ場所で観察した場合、1か月後に星座はどちらの向きに約何度移動しているか。

1　西の向きに約 12 度
2　東の向きに約 15 度
3　西の向きに約 15 度
4　東の向きに約 30 度
5　西の向きに約 30 度

## 解　説

（1）地震の説明として正しくないのは3。震源からの距離が等しくても、震度が同じとは限らない。地盤のかたさなど、他の条件も震度に影響する。他の選択肢の記述はいずれも正しい。

（2）南の空の星座が同じ時刻に見える位置は、１日に約１度ずつ、東から西へと移動していく。よって、１か月後には、西の向きに約 30 度移動している。

地球から見たときに、星は１年かけて天球上を１周する。これを星の年周運動という。１年間（365 日）で、天球の 360 度を１周するのだから、割り算をすると、１日あたり約１度、１か月では約 30 度移動することになる。

360 度÷ 365 日＝ 0.9863…≒１度

**正解**　（1）3　（2）5

5章 理科（地学）

# 練習問題 8 理科(地学)

次の質問に答えなさい。

(1) 日本の梅雨前線の原因となる2つの気団の組み合わせとして、正しいものはどれか。

1 シベリア気団と小笠原気団
2 オホーツク海気団と揚子江気団
3 小笠原気団とオホーツク海気団
4 シベリア気団とオホーツク海気団
5 小笠原気団と揚子江気団

(2) 次のうち、太陽に関する記述として正しくないものはどれか。

1 太陽は太陽系で唯一の恒星である
2 コロナは太陽表面よりも温度が高い
3 太陽は水素やヘリウムなどからなるガスのかたまりである
4 太陽は太陽系の天体の中で2番目に質量が大きい
5 黒点の温度は光球の温度に比べて低い

(3) 次のうち、日食、月食に関する記述として正しくないものはどれか。

1 月食は、月が地球の影に入る現象をいう
2 日食の中でも、太陽が完全に見えなくなるものを金環日食と呼ぶ
3 日食は新月のときに起こり、月食は満月のときに起こる
4 月食は、太陽、地球、月の順に一直線に並んだときに起こる
5 月食の中でも、月の一部が地球の影に入るものを部分月食と呼ぶ

## 解　説

(1) 日本の付近では、6月頃になると、北からは冷たく湿った「オホーツク海気団」が、南からは暖かく湿った「小笠原気団」が発達する。2つの気団の勢力はほぼ同じなので、境界に停滞前線（梅雨前線）が発生して長雨となる。

(2) 太陽に関する記述として正しくないものは4。太陽は太陽系の天体の中で最も質量が大きい（太陽系を構成する天体の全質量の99%以上を占める）。他の選択肢の記述はいずれも正しい。

(3) 日食、月食に関する記述として正しくないものは2。日食の中でも、太陽が完全に見えなくなるものは皆既（かいき）日食。他の選択肢の記述はいずれも正しい。

金環日食では、太陽は丸い輪のように見える。

**正解**　(1) 3　(2) 4　(3) 2

5章 理科（地学）

# 練習問題 9 理科（生物）

次の質問に答えなさい。

(1) 次のうち、プランクトンの説明として最も適切なものはどれか。

1　水の中に浮かんで、光合成をしている微小生物

2　水の中に浮かんで主に水の動きにより移動する生物

3　海にすむ小形の生物

4　水流に逆らって遊泳する小生物

5　水底で生活する生物

(2) 次のうち、種子植物の茎の特徴として正しくないものはどれか。

1　維管束は根から、茎、葉へとつながっている

2　茎の維管束は水分や養分を貯蔵する働きをしている

3　茎の中には地下にあるものや、地表をはうものがある

4　根から吸収された水は道管を通って葉に送られる

5　裸子植物には道管がなく、仮道管がある

(3) 次のうち、種子植物の葉の特徴として正しくないものはどれか。

1　葉の表皮にある気孔は、二酸化炭素、酸素、水蒸気の出入口になる

2　光合成は葉緑体で行われる

3　葉は夜さかんに蒸散し、日中は光合成をする

4　葉脈には網状脈と平行脈がある

5　日光が葉に当たると、デンプンなどの養分ができる

## 解　説

(1) 最も適切なのは2。水の中に浮かんで主に水の動きにより移動する。

他の選択肢が間違っている理由は以下の通り。

- ●プランクトンの中にはクラゲのように大きいものも含まれ、微小、小形という条件は、必ずしも当てはまらない ➡ ×1、×3、×4
- ●プランクトンには植物プランクトンと動物プランクトンがあり、動物プランクトンは光合成しない ➡ ×1
- ●生息場所は海に限らず、淡水にも生息する ➡ ×3
- ●水流に逆らうのではなく、主に水の動きで移動する ➡ ×4
- ●水底で生活するのではなく、水の中に浮かんでいる ➡ ×5

(2) 正しくないのは2。

維管束の働きは、水や養分を運ぶことであり、貯蔵ではない。

他の選択肢の記述はいずれも正しい。

(3) 正しくないのは3。

蒸散がさかんに行われるのは昼。蒸散とは、植物内の水分が水蒸気として出ていくこと。蒸散により植物内の水分が減ることで、根からの吸水がよくなり、また、植物内の温度が高くなるのを防ぐという効果がある。

他の選択肢の記述はいずれも正しい。

**正解**　(1) 2　(2) 2　(3) 3

# 練習問題⑩ 理科（生物）

次の質問に答えなさい。

(1) 次のうち、進化に関してダーウィンが提唱した説はどれか。

1　よく使う器官は発達し、あまり使わない器官は退化する

2　進化の主な要因は、突然変異が遺伝することにある

3　変異のある個体間で生存競争が起こり、環境に適応したものが生き残る

4　地理的な隔離によって種の分化が起こる

5　個体が後天的に獲得した形質が子孫に遺伝する

(2) ヒトのABO式血液型で、A型とB型の両親から生まれる子どもの血液型として、考えられるものをすべてあげているのは、次のうちどれか。

1　A型

2　B型

3　A型、B型

4　A型、B型、AB型

5　A型、B型、O型、AB型

## 解　説

(1) ダーウィンが提唱したのは3の自然選択説。生物は多くの子を作るが、同じ親から生まれた子の間にも変異が見られる。個体間には生存競争が起こり、環境に適したものが多く生き残る（適者生存)。これを積み重ねることで進化が起こるという説。

1はラマルクの用不用説、2はド フリースの突然変異説、4はワグナーの隔離説、5はラマルクの獲得形質の遺伝。

(2) ヒトの血液型と遺伝子型の関係は、以下の通り。

| 血液型（表現型） | A型 | B型 | AB型 | O型 |
|---|---|---|---|---|
| 遺伝子型 | AAかAO | BBかBO | AB | OO |

A型とB型には、遺伝子型が2種類ある。遺伝子型が「AO」と「BO」の両親から生まれる子どもの場合、血液型は、以下のように、A型、B型、O型、AB型のすべてが考えられる。

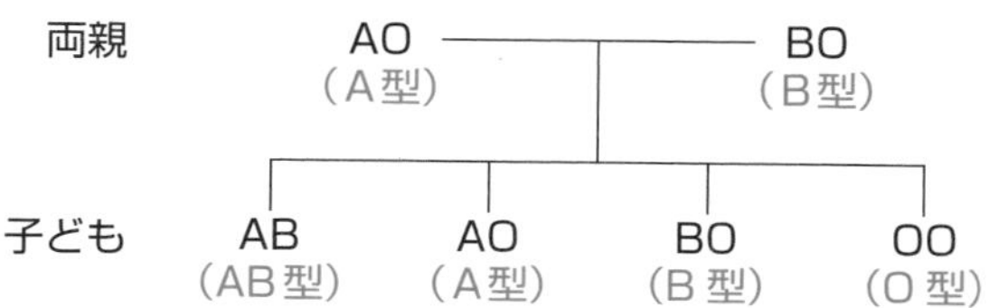


**正解**　(1) 3　(2) 5

5章 理科(生物)

# 練習問題 11 理科（生物）

次の質問に答えなさい。

(1) 脊椎（せきつい）動物の特徴の組み合わせとして誤っているものは、次のどれか。

| | | | | | |
|---|---|---|---|---|---|
| 1 | 鳥類 | ー | 肺呼吸 | 卵生 | 恒温動物 |
| 2 | 両生類 | ー | えら呼吸と肺呼吸 | 卵生 | 変温動物 |
| 3 | 哺乳（ほにゅう）類 | ー | 肺呼吸 | 胎生 | 恒温動物 |
| 4 | 魚類 | ー | えら呼吸 | 卵生 | 変温動物 |
| 5 | は虫類 | ー | えら呼吸と肺呼吸 | 胎生 | 変温動物 |

(2) ホルモンとその分泌異常により起こる症状の組み合わせのうち、正しいものはどれか。

| | | | |
|---|---|---|---|
| 1 | インスリン | ー | テタニー |
| 2 | バソプレシン | ー | クレチン病 |
| 3 | アドレナリン | ー | 尿崩症 |
| 4 | チロキシン | ー | バセドウ病 |
| 5 | パラトルモン | ー | 糖尿病 |

## 解　説

(1) 脊椎(せきつい)動物の特徴の組み合わせとして誤っているものは5。は虫類は、肺呼吸で卵生。他の選択肢の組み合わせはいずれも正しい。

(2) チロキシンは、甲状腺ホルモンの一種で、分泌異常（過剰時）により起こるのがバセドウ病。

他の選択肢の正しい組み合わせは

インスリン　－　糖尿病（欠乏時）
バソプレシン　－　尿崩症（欠乏時）
アドレナリン　－　糖尿病（過剰時）
パラトルモン　－　テタニー（欠乏時）

**正解**　(1) 5　(2) 4

6章
SCOA
英語

# SCOA 英語問題の概要

## 英語問題の出題範囲と出題数

| | 出題数 | 掲載ページ |
|---|---|---|
| 単語の意味 | 20 問 | P.206 |
| 空欄補充 | 6 問 | 前置詞　P.218<br>関係代名詞　P.222 |
| その他 | 4 問 | P.226 |

※上表のデータは、SPIノートの会の独自調査によるものです。無断転載を禁じます。



SCOAの英語では、中学校や高校で習う英語の知識と、英語表現に対する理解力が試されます。英単語の知識を問う問題の割合が多く、長文を読んで質問に答える形式の長文読解は出題されません。

## 英語問題の設問内容と対策

### ●単語の意味

単語が示され、意味として適切なものを選択肢から選ぶ問題が出題されます。選択肢はすべて英語です。**設問の単語だけでなく、選択肢を選ぶ際にも英語力が必要です。**本書の再現問題に取り組み、1つでも語彙（ごい）を増やしておきましょう。

**あまり英語に自信のない場合は、わかる単語を見つけて手早く回答し、わからない単語はある程度割り切ってしまうことも考えましょう。**考え込んで時間を無駄にするよりも、浮いた時間を他の分野に回した方が効率がよいこともあるからです。

### ●空欄補充

英語の短文中の空欄に、前置詞や関係代名詞を補充する問題が出題されます。**中学～高校1年で習う範囲の、基礎的な英語の文法知識で解ける問題が多く出題されます。忘れている場合は、本書の再現問題に取り組んで思い出しておきましょう。**

### ●その他

発音問題や、日本語の文章を英語にした場合に正しいものを選ぶ問題、前置詞の用法に関する問題などが出題されます。本書の再現問題に取り組んで、基礎的な知識を思い出しておきましょう。

# 1 単語の意味

ここがポイント！

**英単語の意味を、英語の選択肢から回答する**

◉英単語について、意味が適切なものを選ぶ

◉問題と選択肢の両方が英語。考え込まず、わかる問題を見つけて手早く回答しよう

## 【例題】

次の単語の意味として適切なものを選びなさい。

sensible

1 impression
2 showing good sense
3 horrible
4 happy accident
5 neither good nor bad

## カンタン解法

問題の単語とほぼ同じ意味の単語、または英語による説明から正しいものを選ぶ。問題の単語の意味を踏まえた上で、さらに選択肢の英語についても理解力が必要とされる。あまり考え込まず、わかる問題を見つけて手早く回答することを心がけよう。

### 【例題】

**“sensible”の意味は「分別のある、賢明な」。**

選択肢のうち、最も近い意味の言葉は2の「showing good sense（良識を示す）」。

“good sense”は「良識、分別」という意味。残りの選択肢の意味は以下の通り。

1　impression（印象、感じ）
3　horrible（恐ろしい、ひどい）
4　happy accident（幸運な偶然のできごと）
5　neither good nor bad（可もなく不可もない）

**正解　2**

## 練習問題 1 単語の意味

次のそれぞれの単語の意味として適切なものを選びなさい。

(1) absorb

1 soak up
2 be a fool
3 keep away
4 perfectly
5 be distant

(2) omit

1 admission
2 leave out
3 be doubtful
4 be necessary
5 unimportant

(3) reexamination

1 failure
2 review
3 a plan for a meeting
4 a last-minute thought
5 a look ahead

(4) appropriate

1 individual
2 immediate
3 incorrect
4 suitable
5 grateful

## 解 説

(1)「absorb(吸収する、併合する)」=「soak up(吸収する)」

残りの選択肢の意味は以下の通り。

2 be a fool(愚かである) 3 keep away(近づけない、遠ざける)

4 perfectly(完全に) 5 be distant(離れている、隔たっている)

(2)「omit(省略する)」=「leave out(抜かす、省く)」

残りの選択肢の意味は以下の通り。

1 admission(入場、入学) 3 be doubtful(疑わしい)

4 be necessary(必要である) 5 unimportant(重要でない)

(3)「reexamination(再調査)」=「review(再調査、再検討)」

残りの選択肢の意味は以下の通り。

1 failure(失敗) 3 a plan for a meeting(会議の予定)

4 a last-minute thought(どたん場の思いつき)

5 a look ahead(先読み)

(4)「appropriate(適当な、特定の)」=「suitable(適当な、好都合な)」

残りの選択肢の意味は以下の通り。

1 individual(単一の、個々の) 2 immediate(直接の、すぐ近くの)

3 incorrect(不正確な) 5 grateful(感謝している)

**正解** (1) 1 (2) 2 (3) 2 (4) 4

# 練習問題 2 単語の意味

次のそれぞれの単語の意味として適切なものを選びなさい。

（1）private

1 keep back
2 exposed
3 appear
4 removed from public view
5 regarded

（2）grip

1 arm
2 grasp tightly
3 racket
4 bag
5 fingers

（3）estimate

1 warn
2 honor
3 bond
4 guess
5 take out

（4）motive

1 a reason for
2 carry on
3 going away
4 main subject
5 hit the wall

## 解　説

（1）「private（私の、個人の）」＝「removed from public view（公の場から隔たった）」

private は「public（公の）」に対する「私」という意味合いを持つ言葉。「人目につかない」という意味もある。

残りの選択肢の意味は以下の通り。
1　keep back（後ろに下がる、食い止める）　2　exposed（さらされた、むき出しの）　3　appear（現れる）　5　regarded（見なされる）

（2）「grip（しっかりつかむ、握力）」＝「grasp tightly（強く握る）」

残りの選択肢の意味は以下の通り。
1　arm（腕）　3　racket（ラケット）　4　bag（かばん）　5　fingers（指）

（3）「estimate（概算する）」＝「guess（推測する）」

残りの選択肢の意味は以下の通り。
1　warn（警告する）　2　honor（名誉）　3　bond（結合、きずな）
5　take out（持ち出す）

（4）「motive（動機）」＝「a reason for（～の原因）」

残りの選択肢の意味は以下の通り。
2　carry on（続ける、持ち運ぶ）　3　going away（お別れの）
4　main subject（主題）　5　hit the wall（壁に突き当たる）

**正解**　（1）4　（2）2　（3）4　（4）1

6章 単語の意味

# 練習問題 ③ 単語の意味

次のそれぞれの単語の意味として適切なものを選びなさい。

(1) reserve
1 keep
2 taste
3 wait
4 long
5 cancel

(2) acknowledge
1 admit that it is true
2 be clever
3 forget
4 install
5 mark on the map

(3) forgive
1 apology
2 criminate
3 let go
4 excuse
5 invite

(4) cooperate
1 investigate
2 work together
3 shut down
4 report
5 handling

## 解　説

（1）「reserve（取っておく、保有する）」＝「keep（保つ、取っておく）」

残りの選択肢の意味は以下の通り。

2　taste（味見をする）　3　wait（待つ）

4　long（長い、切望する）　5　cancel（取り消す）

（2）「acknowledge（認める）」＝「admit that it is true（それが正しいと認める）」

残りの選択肢の意味は以下の通り。

2　be clever（利口だ）　3　forget（忘れる）　4　install（就任させる、取り付ける）　5　mark on the map（地図に印を付ける）

（3）「forgive（許す）」＝「excuse（許す、言い訳をする）」

残りの選択肢の意味は以下の通り。

1　apology（謝罪）　2　criminate（〜に罪を負わせる、非難する）

3　let go（放す、そのままにしておく）　5　invite（招く）

（4）「cooperate（協力する）」＝「work together（共に働く）」

残りの選択肢の意味は以下の通り。

1　investigate（調査する）　3　shut down（閉鎖、シャットダウン）

4　report（報告）　5　handling（操作）

**正解**　（1）1　（2）1　（3）4　（4）2

# 練習問題 4 単語の意味

次のそれぞれの単語の意味として適切なものを選びなさい。

(1) superstitious

1 extraordinary
2 doing carefully
3 heavy
4 reasonless
5 having unreasonable ideas

(2) coil

1 telephone line
2 a type of metal
3 ring of spiral
4 wooden board
5 weight

(3) notice

1 observe
2 defend
3 write down
4 in secret
5 recognize

(4) personal

1 minimum
2 private
3 helpful
4 human
5 small

## 解　説

（1）「superstitious（迷信の）」＝「having unreasonable ideas（理屈にあわない考えを持っている）」

「迷信」とは「科学的根拠がなく、社会生活に支障を来すことの多いとされる信仰」のこと。「理屈にあわない考え」と同じと言える。

残りの選択肢の意味は以下の通り。

1　extraordinary（異常な、非凡な）　2　doing carefully（注意深く行う）
3　heavy（重い）　4　reasonless（分別のない）

（2）「coil（コイル）」＝「ring of spiral（らせん状の輪）」

「コイル」は「線を円形または円筒形に巻いたもの」のこと。

残りの選択肢の意味は以下の通り。

1　telephone line（電話線）　2　a type of metal（金属の一種）
4　wooden board（木の板）　5　weight（重さ、おもり）

（3）「notice（注意する、注目する）」＝「observe（注目する、観察する）」

残りの選択肢の意味は以下の通り。

2　defend（守る）　3　write down（書き留める）
4　in secret（秘密に）　5　recognize（見分けがつく、認める）

（4）「personal（個人の、私の）」＝「private（個人的な、私的な）」

残りの選択肢の意味は以下の通り。

1　minimum（最小の、最低限の）　3　helpful（助けになる、役に立つ）
4　human（人間の）　5　small（小さい、小型の）

**正解**　（1）5　（2）3　（3）1　（4）2

※日本語の言葉の定義は『大辞林第三版』（三省堂）から引用しました。

# 練習問題 5 単語の意味

次のそれぞれの単語の意味として適切なものを選びなさい。

(1) affect

1 influence
2 object
3 throw down
4 image
5 attack

(2) project

1 aid
2 stop
3 team
4 plan
5 draw off

(3) basic

1 compact
2 importance
3 fundamental
4 homemade
5 calculate

(4) idle

1 strict
2 foolish
3 young star
4 respect
5 doing no work

## 解　説

（1）「affect（影響する、作用する）」＝「influence（影響を及ぼす）」

残りの選択肢の意味は以下の通り。

2　object（物体、もの）　3　throw down（投げ落とす）

4　image（イメージ、画像）　5　attack（攻撃する）

（2）「project（計画、企画）」＝「plan（計画、案）」

残りの選択肢の意味は以下の通り。

1　aid（助ける）　2　stop（止める、やめる）

3　team（チーム）　5　draw off（取り除く）

（3）「basic（基礎の、根本の）」＝「fundamental（根本的な、重要な）」

残りの選択肢の意味は以下の通り。

1　compact（ぎっしり詰まった）　2　importance（重要）

4　homemade（自家製の）　5　calculate（計算する）

（4）「idle（怠惰（たいだ）な、仕事のない）」＝「doing no work（何の仕事もしていない）」

残りの選択肢の意味は以下の通り。

1　strict（厳しい）　2　foolish（愚かな）

3　young star（若いスター）　4　respect（尊敬）

**正解**　（1）1　（2）4　（3）3　（4）5

6章　単語の意味

# 2 空欄補充（前置詞）

ここがポイント！

**慣用表現に使う基本的な前置詞が問われる**

◎前後の言葉ごと、意味を覚えよう

◎再現問題に取り組むのが一番

【例題】

次の文の（　　）に入るものとして、適切なのは次のうちどれか。

I will wait (　　) her here.

1　by

2　from

3　at

4　to

5　for

## カンタン解法

「空欄補充」で最も多く出題されるのが、前置詞を選ぶ問題。中学で習う範囲の出題が多く、あまり難解なものは出題されない。本書で再現問題に取り組んでおこう。

### 【例題】

wait for ～＝「～を待つ」

“I will wait for her here.” で「ここで彼女を待ちます」という意味の文になる。

前置詞とは、名詞や代名詞の前に置かれ、文中の他の語との関係を示す語のこと。at, in, on, to, for, of, from, by など、種類は非常に多い。SCOA の英語では、例題のように慣用表現を構成する前置詞が出題されやすい。前置詞の文法的なしくみを詳しく覚える必要はあまりなく、本書の問題そのものを覚えておくほうが効果的だ。

**正解　5**

# 練習問題 1 空欄補充（前置詞）

次の文の（　　）に入るものとして、適切なのは次のうちどれか。

(1) He went out (　　) the house quickly.

1 on
2 by
3 of
4 at
5 with

(2) She stood by the wall (　　) tears in her eyes.

1 for
2 over
3 in
4 with
5 of

(3) The mountain is famous (　　) the beautiful colored leaves.

1 for
2 at
3 with
4 by
5 on

(1) go out of ～=「～から出る」

問題文の意味は、「彼は急いでその家から出ました」。

(2) with tears in one's eyes =「目に涙をためて」

問題文の意味は、「彼女は目に涙をためて壁際に立っていました」。

(3) famous for ～=「～で有名な」

"colored leaves" は「紅葉」という意味。

問題文の意味は、「その山は美しい紅葉で有名です」。

**正解** (1) 3 (2) 4 (3) 1

# ③ 空欄補充（関係代名詞）

ここがポイント！

## 空欄に入る関係代名詞を見分ける

◉人についての関係代名詞が出題されやすい

◉関係代名詞の見分け方を覚えておこう

**【例題】**

次の文の（　　）に入るものとして、適切なのは次のうちどれか。

(1) He is a good student (　　) everyone knows.

1 what
2 which
3 whom
4 whose
5 in which

## カンタン解法

関係代名詞とは、接続詞の機能をあわせ持つ代名詞。たとえば、1 つの文でつなぎとして使われる“who”や“which”などを指す。

SCOA の英語では、人に関する関係代名詞がどれなのかを選ぶ問題が出題されやすい。見分け方を覚えておこう。

【SCOA の英語の関係代名詞のポイント】

●先行詞が人の場合の関係代名詞は、who（主格）、whose（所有格）、whom（目的格）

●関係代名詞が主格、所有格、目的格のどれになるかを見分けるには、問題文を、独立した２つの文にしてみる。そのときに２文目に補った言葉と同じ格の関係代名詞（主語を補ったのなら主格の who）が正解。

## 【例題】

例題の文章で、先行詞と関係詞節（関係代名詞を含む節）は以下の通り。

He is a good student （　　）everyone knows.
先行詞（人）　関係詞節

先行詞は人なので（　　）には who（主格）、whose（所有格）、whom（目的格）のいずれかが入る。

主格、所有格、目的格を見分けるには、２つの独立した文に分けるとよい。この例題では、２つ目の文章に目的語 him を補う必要がある。ここから、関係代名詞は目的格の whom が入るとわかる。

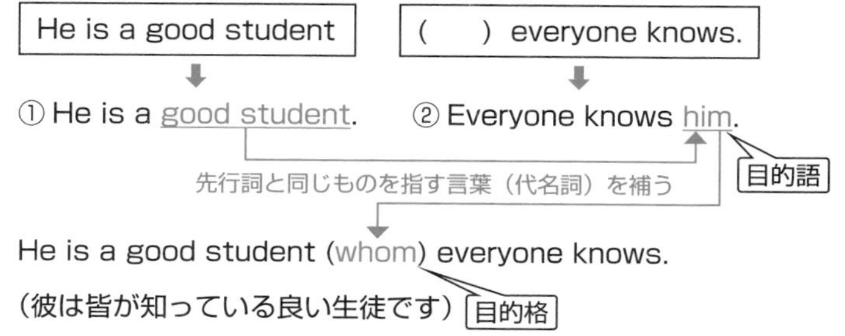


正解　3

6章　空欄補充（関係代名詞）

## 練習問題 1 空欄補充（関係代名詞）

次の文の（　　）に入るものとして、適切なのは次のうちどれか。

(1) Look at the man (　　) is speaking in a loud voice.

1 who
2 whose
3 of which
4 whomever
5 what

(2) He had a friend (　　) coffee shop he visited every other day.

1 who
2 that
3 whom
4 whose
5 whomever

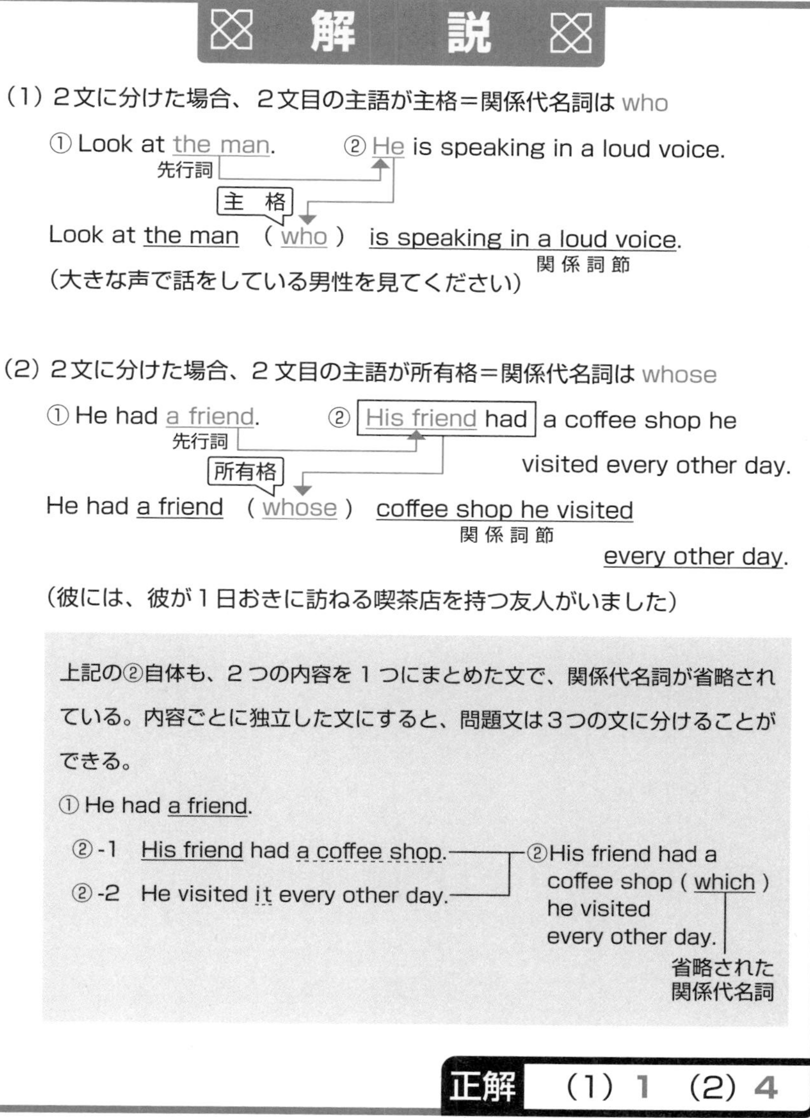

## 解　説

（1）２文に分けた場合、２文目の主語が主格＝関係代名詞は who

① Look at the man.　　② He is speaking in a loud voice.



Look at the man　（ who ）　is speaking in a loud voice.



（大きな声で話をしている男性を見てください）

（2）２文に分けた場合、２文目の主語が所有格＝関係代名詞は whose

① He had a friend.　　② His friend had a coffee shop he visited every other day.



He had a friend　（ whose ）　coffee shop he visited every other day.



（彼には、彼が１日おきに訪ねる喫茶店を持つ友人がいました）

上記の②自体も、２つの内容を１つにまとめた文で、関係代名詞が省略されている。内容ごとに独立した文にすると、問題文は３つの文に分けることができる。

① He had a friend.

②-1　His friend had a coffee shop.

②-2　He visited it every other day.

②His friend had a coffee shop ( which ) he visited every other day.



**正解**　（1）1　（2）4

6章 空欄補充（関係代名詞）

# 4 その他の英語問題

ここがポイント!

**発音、定型表現などさまざまな分野から出題**

◎多種多様な分野から1問程度ずつ出題される

◎再現問題で出題傾向を押さえよう

**【例題】**

「learn」の下線部と同じ発音をもつ言葉を次から選びなさい。

1　reason

2　heart

3　cart

4　market

5　person

## カンタン解法

英語では、「単語の意味」（206 ページ）、「空欄補充」（前置詞 218 ページ、関係代名詞 222 ページ）のほか、単語の発音問題や日本語を正しく訳した文を選ぶ問題、正しい用法の文を選ぶ文法問題など、さまざまな分野から全部で４問程度が出題される。本書の再現問題に取り組み、どんな問題が出るのかをあらかじめ知っておこう。

### 【例題】

“learn” の発音記号は［ləːrn］。選択肢の単語について、それぞれの発音記号は以下の通り。

1 reason［ríːzn］

2 heart［hɑːrt］

3 cart［kɑːrt］

4 market［mɑ́ːrkit］

5 person［pə́ːrsn］

“learn” の “ear” と同じ発音をするのは、“person” の “er”。

**正解 5**

※発音記号は、『EXCEED 英和辞典』（三省堂）を参考にしました。

6章 英語（その他）

# 練習問題 1 英語（その他）

次の各質問に答えなさい。

(1) 次の文に looking を入れるには、1 ～ 5 のどこが適切か。

His house $_1$ stands $_2$ on a $_3$ hill $_4$ over $_5$ the lake.

(2) 次の文に返事をするとき、最も適切なのはどれか。

What a beautiful day it is !

1 Yes, please.

2 Yes, it is.

3 Yes, indeed.

4 It’s Saturday.

5 All right, thank you.

(3) 次の日本語の文の意味を適切に表しているのはどれか。

「彼は友人たちに遅れないようにと頼みました」

1 He asked the friends to not be late.

2 He asked the friends don’t be late.

3 He didn’t ask the friends to be late.

4 He asked the friends not to be late.

5 He asked the friends be no late.

## 解説

（1）「～を見渡す」= looking over ～

問題文 “His house stands on a hill looking over the lake.” の意味は、「彼の家は湖を見渡す丘の上に建っています」。

（2）返事として適切なのは「 Yes, indeed.（まさにその通りですね）」

問題文 “What a beautiful day it is!” は「本当にいいお天気ですね」という意味の慣用的な表現。こうした感嘆文に同意する “Yes, indeed.” が最も適切。

他の選択肢の意味は以下の通り。
1 Yes, please.（はい、お願いします） 2 Yes, it is.（はい、そうです） 4 It's Saturday.（土曜日です） 5 All right, thank you.（大丈夫です、ありがとう）

（3）「遅れないように」= not to be late

問題文は、to 不定詞の否定形。“not to ～” となる。

He asked the friends to be late.（肯定文）

⬇

否定の場合は
not to be late.

to 不定詞は、主に動詞を他の品詞として使いたいときに “to” を補って名詞や形容詞などとみなすもの（例：「to do（すること）」）。

**正解** （1）4 （2）3 （3）4

6章 英語（その他）

# 練習問題② 英語(その他)

次の各質問に答えなさい。

(1) 次の文の文型はどれか。

Will you send him the book?

1　第1文型
2　第2文型
3　第3文型
4　第4文型
5　第5文型

(2) 次の文に最も近い意味の文はどれか。

He does unpaid work for the old people.

1　He likes his job at the old people's home.
2　He does volunteer work in the old people's home.
3　He is willing to donate to the old people's home.
4　He likes to help his old friends.
5　He works as a care assistant.

(3) 次の各文の It のうち、使い方が他と異なっているものはどれか。

1　It is winter now.
2　It is nine miles to the town.
3　It's my book.
4　It's getting dark.
5　It is Wednesday today.

## 解　説

(1) "Will you send him the book?"（彼にその本を送りますか？）は第４文型。

Will you(S) send(V) him($O_1$) the book($O_2$)?

第４文型は、主語（S）＋動詞（V）＋目的語（$O_1$）＋目的語（$O_2$）の、主に「Sは$O_1$に$O_2$をVする」などの意味を表す文型。

(2)「does unpaid work（無報酬で働く）」に最も近いのは「does volunteer work（ボランティアの仕事をする）」。

問題文の意味は「彼は年取った人たちのために無報酬で働いています」。最も近い意味の文は、2の「He does volunteer work in the old people's home.（彼は老人ホームでボランティアの仕事をしています）」。

他の選択肢の意味は以下の通り。
1 He likes his job at the old people's home.（彼は老人ホームでの仕事が好きです）
3 He is willing to donate to the old people's home.（彼は喜んで老人ホームに寄付をします） 4 He likes to help his old friends.（彼は古い友人たちを手伝うのが好きです）
5 He works as a care assistant.（彼は介護人として働いています）

(3) 他と異なっているのは「It's my book.（それは私の本です）」。

3の「It's my book.」の"It"は、前に出てきた語句などを指す"It"。この文の前に、例えば「Whose book is this?（この本は誰のものですか？）」など、"It"が指す内容を含む文があるが、省略されている。残りの選択肢は、季節・距離・明暗・曜日などを表す"It"。この場合の"It"は訳さない。

他の選択肢の意味は以下の通り。
1 It is winter now.(今は冬です)　2 It is nine miles to the town.(町まで9マイルあります)
4 It's getting dark.(暗くなってきました)　5 It is Wednesday today.(今日は水曜日です)

**正解**　(1) 4　(2) 2　(3) 3

# 練習問題 ③ 英語（その他）

次の各質問に答えなさい。

(1) 次の文で、下線部と同じ用法のものはどれか。

She was sitting <u>by</u> the window.

1 I went there by bus.

2 Look at the boy by the car.

3 This picture was drawn by Susan.

4 He must come back by five o'clock.

5 I sent you the book by mail.

(2)「私は彼がピアノをひくとは聞いたことがありません」を英文で正しく表しているものはどれか。

1 I've never heard he playing the piano.

2 I've never heard him playing the piano.

3 I've never heard he plays the piano.

4 I've never heard him to play the piano.

5 I've never heard he play the piano.

## 解　説

（1）sitting by ～＝「～のそばに座っている」

問題文の意味は「彼女は窓のそばに座っていました」。同様に「～のそばに」という意味で by が使われているのは、2の「Look at the boy by the car.（車のそばにいる男の子を見てください）」。

他の選択肢の意味は以下の通り。
1 I went there by bus.（私はそこにバスで行きました） 3 This picture was drawn by Susan.（この絵はスーザンによって描かれました） 4 He must come back by five o'clock.（彼は5時までに戻ってこなければなりません） 5 I sent you the book by mail.（私はあなたに郵便で本を送りました）

（2）「彼がピアノをひくとは」＝he plays the piano

問題は現在完了形“have（has）＋過去分詞”の文章。経験の否定（＝ピアノをひくとは聞いたことがない）なので、「一度も～したことがない」という意味の“never”が過去分詞の前に入る。
この問題の場合、過去分詞の後には現在形が続く。

I've never heard he plays the piano.

hear（聞く）の過去分詞

現在形（彼が～をひく）。主語が he なので、動詞 play には s がつく

選択肢で、当てはまるのは 3。

**正解**　（1）2　（2）3

6章 英語（その他）

7章
SCOA
性格

# SCOA 性格テストの概要

## 性格・意欲を測定

SCOA の性格テストでは、性格と意欲から、受検者の適性を診断します。

**●SCOA性格テストの測定項目**

| 性格 | 気質 | 生まれもった性格 |
|---|---|---|
| | 性格特徴 | 後天的に得た性格 |
| 意欲 | | どのような仕事に意欲を発揮するか |

## 240問が前後半に分かれて出題される

質問は前後半に分かれ、合計 240 問の質問に約 35 分で回答します。

**●SCOA性格テストの構成**

| | 問題数 | 測定項目 | 標準回答時間 |
|---|---|---|---|
| 前半 | 60 問 | 意欲 | 全体で約 35 分 |
| 後半 | 180 問 | 性格（気質・性格特徴） | |

## 前半は組になっている質問から選ぶ

前半では、組になっている質問文から自分に近いほうを選択します。

A　待ち合わせには遅れない。　自分に近いほう、優先させるほうを選ぶ

B　集団の目標を明確にし、仲間にそれを徹底させる。

## 後半は Yes・No・? から選ぶ

後半では、質問文が自分に当てはまるかどうかを回答します。

| 初めての人とすぐに親しくなれる。Yes・No・? |
|---|

質問文が自分に当てはまるかどうかを回答

## 尺度の高低で診断される

質問文は、それぞれ「尺度」に基づいています。回答で各尺度の高低が測られ、それにより性格傾向が診断されます。さきほどの例だと、前半のAは「チームワーク」を、Bは「リーダーシップ」の尺度を測る質問です。後半の「初めての人とすぐに親しくなれる」は「外向性」を測る質問です。

**「この質問文は何の尺度を測るものか」を見極め、志望職種や企業にあわせて回答しましょう。**

## ここに気をつけて回答しよう!

**①質問には、すべて回答する**

性格テストは、全問回答を前提に診断されます。

**②組織への適応性は高いほうが望ましい**（詳しくは252ページ）

一般的に、どの企業でも、組織適応性が高いほうが有利です。

**③回答態度が測定される。意識して回答を**（詳しくは252ページ）

回答態度として「自分を良く見せようと嘘の回答をしているか（虚偽尺度）」「？ばかり選んでいないか」が調べられます。

※②と③は後半でのみ測定しています。

7章 性格

# 気質について理解しよう

## SCOAでは「気質」が重視される

気質とは、**生まれながらにもっている性格**のことで、年を経ても変化することはないと考えられています。SCOA の性格テストでは、この気質を重視した測定を行っています。

心理学的な見地から、気質は大きく「循環性気質」「分離性気質」「粘着性気質」という類型に分けられます。それぞれの類型には、さらに2つのタイプがあります。

## 気質の3類型6タイプ

●**循環性気質**：社交的で親切

①**高揚タイプ**（循環性の１つ）

常に高揚した気分で、社交的で陽気。
世話好きだが、大雑把で配慮に欠けるところがある。

②**執着タイプ**（循環性の１つ）

こだわるほうで、感情が長く続く。
完璧主義で努力家。
取り越し苦労をしやすい心配性。義理堅い。

●**分離性気質**：非社交的で、孤立しやすい

③**敏感タイプ**（分離性の1つ）

真面目。繊細で、感受性が強い。神経質。
広くつき合うよりも、一部の人と親密に
つき合う。

④**独自タイプ**（分離性の1つ）

自尊心が強い。負けず嫌い。
意志が強い。大胆。

●**粘着性気質**：几帳面で、融通がきかない

⑤**緩慢タイプ**（粘着性の1つ）

几帳面。着実。持続性がある。
頭が固く、頑固。
マイペース。テンポが遅い。

⑥**率直タイプ**（粘着性の1つ）

自己表現がストレートで、目立ちたがり屋。
地味な仕事が苦手で、困難な仕事を人に押
しつけることが多い。

# 性格テスト（前半）

ここがポイント！

**どんな仕事に「意欲」を発揮するかを調べる**

◎組になっている質問文のいずれかを選ぶ

◎何を調べている質問文かを見極める

## 【再現問題】

ＡとＢの文を比べて、自分に近いほう、優先させるほうを選んでください。
番号順に、１問も抜かさず、すべて回答してください。

【1】

Ａ　待ち合わせには遅れない。

Ｂ　集団の目標を明確にし、仲間にそれを徹底させる。

【2】

Ａ　仕事を中途半端な状態で中断することはしない。

Ｂ　いつも新しい工夫を考え、試す。

# 再現問題の解説

前半では、どのような仕事に「意欲」を発揮するかを調べる。２つの文が示され、自分に近いほう、優先させるほうを選択する形式だ。
SCOA の意欲には５つの尺度がある。選んだ質問文に関連する尺度は高くなり、逆に、選ばなかった質問文に関連する尺度は低くなる。
意欲のどの尺度が高いほうが望ましいかは、企業によって異なる。あらかじめ、企業研究をして、企業が求める人物像をつかんでおこう。

【1】

A　待ち合わせには遅れない。→「チームワーク」を高くする質問文
B　集団の目標を明確にし、仲間にそれを徹底させる。
→「リーダーシップ」を高くする質問文

それぞれの質問文が何の尺度を調べているのかを見極め、より優先させるほうを選ぶ。

【2】

A　仕事を中途半端な状態で中断することはしない。
→「達成力」を高くする質問文
B　いつも新しい工夫を考え、試す。→「柔軟性」を高くする質問文

Aを選ぶと、「達成力」が高くなり、「柔軟性」が低くなる。Bを選ぶと、「柔軟性」が高くなり、「達成力」が低くなる。

# 性格テスト（後半）

ここがポイント!

## 「気質」と「性格特徴」を調べる

◉質問文に対して、Yes・No・？の３択で回答

◉「組織への適応性」と「虚偽尺度」の質問に注意

◉「？」はできるだけ避ける

**【再現問題】**

それぞれの文を読んで、自分に当てはまるときは「Yes」を、自分に当てはまらないときは「No」を選んでください。
できるだけ「Yes」か「No」を選ぶようにしてください。どうしても決められないときは、「？」（「どちらとも言えない」という意味）を選んでください。
番号順に、１問も抜かさず、すべて回答してください。

【1】
初めての人とすぐに親しくなれる。　Yes・No・？

【2】
おせっかいなことをするほうである。　Yes・No・？

【3】
先輩から命令されると、逆らいたくなる。　Yes・No・？

【4】
今までに他人の悪口を言ったことはない。　Yes・No・？

## 再現問題の解説

後半では、「気質」と「性格特徴」を調べる。質問が自分に当てはまるかどうかを選択する形式だ。

回答の際は以下の２点に注意しよう。

・「組織への適応性」と「虚偽尺度」の質問文がある

・「？」はできるだけ避ける

【1】

| 初めての人とすぐに親しくなれる。 | Yes・No・？ |
|---|---|
| →性格特徴の「外向性」を高くする質問文 | |

「性格特徴」のどの尺度が高いほうが望ましいかは、企業によって異なる。

【2】

| おせっかいなことをするほうである。 | Yes・No・？ |
|---|---|
| →気質の「高揚タイプ」を高くする質問文 | |

「気質」のどのタイプが望ましいかは、企業によって異なる。

【3】

| 先輩から命令されると、逆らいたくなる。 | Yes・(No)・？ |
|---|---|
| →「組織への適応性」を低くする質問文 | |

「組織への適応性」は高いほうが望ましい。

【4】

| 今までに他人の悪口を言ったことはない。 | Yes・(No)・？ |
|---|---|
| →「虚偽尺度」の質問文 | |

「虚偽尺度」とは「自分を良く見せようと嘘の回答をする傾向」のこと。

7章 性格

# SCOAの「診断表」とは

## 性格・意欲と組織適応性・回答態度を測定

SCOAの結果は、「診断表」として応募企業に届きます。

診断表には、性格（気質・性格特徴）と意欲の測定結果に加えて、組織適応性と回答態度の測定結果が表示されます。

**SCOAの診断表**（例）

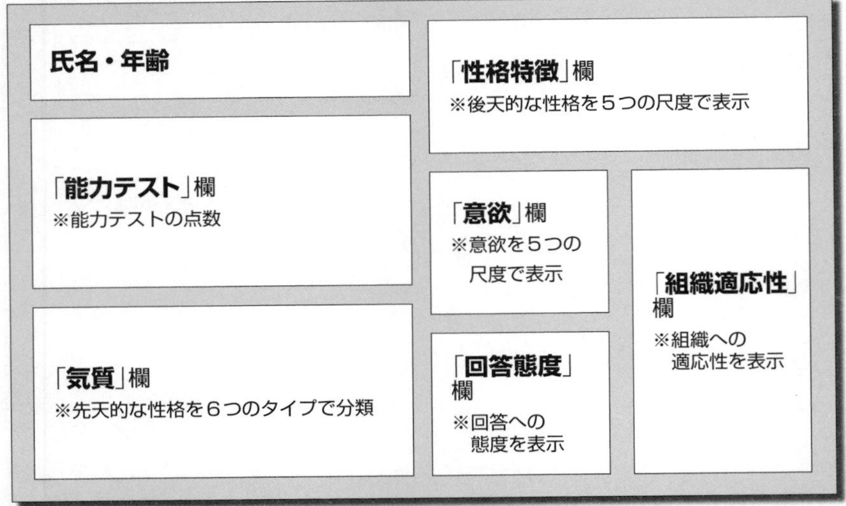


（SPIノートの会調べ）

### ●【気質】欄

気質の測定結果が表示されます。

受検者は６つの気質のうち、どれか１つのタイプ、または、２つのタイプの融合として診断されます。

●【性格特徴】欄

性格特徴に関する５つの尺度の測定結果が表示されます。
性格特徴の５尺度は互いに影響しません。そのため、５つの尺度すべてが高い、または、低いということもありえます。

●【意欲】欄

意欲に関する５つの尺度の測定結果が表示されます。
性格特徴の尺度と異なり、５つの尺度は、ある尺度が高くなると、別の尺度が低くなります。ですから、５つの意欲すべてが高いことはありません。

●【組織適応性】欄

組織への適応性の高低が表示されます。

●【回答態度】欄

性格検査への回答態度に「自分を良く見せようと嘘の回答をしている」「回答の信頼性が低い」傾向があるかどうかが表示されます。

## 性格テストの尺度一覧

SCOA の性格テストの尺度と測定内容は、以下の通りです。各尺度の具体的な質問例は 248 ページ以降をお読みください。

### ■SCOA 性格テストの尺度一覧（詳しくは 248 ～ 251 ページを参照）

| | 尺度 | 測定内容 | 考え方 |
|---|---|---|---|
| 「意欲」に関する5つの尺度 | リーダーシップ | 人を率いる仕事に意欲を発揮するかを測定。 | どの尺度が高いほうが望ましいかは、職種・企業によって異なる。 |
| | チームワーク | 集団として行動する仕事に意欲を発揮するかを測定。 | |
| | 計画性 | 計画を立てる仕事に意欲を発揮するかを測定。 | |
| | 柔軟性 | 新しいアイデアを出す仕事に意欲を発揮するかを測定。 | |
| | 達成力 | 物事を成し遂げる仕事に意欲を発揮するかを測定。 | |
| 「性格特徴」に関する5つの尺度 | 行動力 | 物事をすぐに行動に移すかどうかを測定。 | どの尺度が高いほうが望ましいかは、職種・企業によって異なる。 |
| | 外向性 | 対人的に積極的かどうかを測定。 | |
| | 論理性 | 抽象的、論理的に物事を考えるかどうかを測定。 | |
| | 慎重性 | 物事に慎重に対処するかどうかを測定。 | |
| | 情緒安定性 | 感情が安定しているかどうかを測定。 | |

| 「気質」に関する6つのタイプ | 循環性気質 | 高揚タイプ | 常に高揚した気分で、社交的で陽気なタイプ。 | どのタイプが望ましいかは、職種・企業によって異なる。 |
|---|---|---|---|---|
| | | 執着タイプ | こだわるほうで、感情が長く続くタイプ。 | |
| | 分離性気質 | 敏感タイプ | 繊細で、感受性が強いタイプ。 | |
| | | 独自タイプ | 自尊心が強く、負けず嫌いなタイプ。 | |
| | 粘着性気質 | 緩慢タイプ | 几帳面で着実、持続性があるタイプ。 | |
| | | 率直タイプ | 自己表現がストレートで、目立ちたがり屋なタイプ。 | |
| 組織適応性 | | | 会社の組織になじむことができるかどうかを測定。 | 高いほうが望ましい。 |
| 回答態度 | 虚偽尺度 | | 自分を良く見せようと嘘の回答をしているかどうかを測定。 | 「回答態度に問題なし」と診断されることが望ましい。 |
| | 信頼性 | | 「?」(どちらとも言えない)の回答傾向を測定。 | 「?」はなるべく選択しない。 |

(SPIノートの会調べ)

# 性格テスト　尺度と質問例

## 意欲の5尺度

　意欲では、どのような仕事に意欲を発揮するかを５つの尺度で調べています。「自分に近いほう」として選んだ質問例の尺度が高くなり、逆に、選ばなかった質問例の尺度が低くなります。

| 尺度 | 測定内容 | 質問例 |
| --- | --- | --- |
| リーダーシップ | 人を率いる仕事に意欲を発揮するかを測定。 | ・物事を決めるときには、客観的かつ冷静に判断できる。<br>・集団の目標を明確にし、仲間にそれを徹底させる。 |
| チームワーク | 集団として行動する仕事に意欲を発揮するかを測定。 | ・聞き上手である。<br>・待ち合わせには遅れない。 |
| 計画性 | 計画を立てる仕事に意欲を発揮するかを測定。 | ・情報収集を充分にしてから、計画を立てる。<br>・トラブルの解決に最適な計画を立てる。 |
| 柔軟性 | 新しいアイデアを出す仕事に意欲を発揮するかを測定。 | ・いつも新しい工夫を考え、試す。<br>・１つのことに対して、いろいろな角度の見方ができる。 |
| 達成力 | 物事を成し遂げる仕事に意欲を発揮するかを測定。 | ・仕事を中途半端な状態で中断することはしない。<br>・どんなに疲れていても、その日にすべきことは必ず終える。 |

## 性格特徴の5尺度

性格特徴では、後天的な性格の特徴を５つの尺度で測定しています。

（＋）の印が付いた質問例に「Yes（当てはまる)」と回答をすると、その尺度は高くなります。

（－）の印が付いた質問例に「No（当てはまらない)」と回答をすると、その尺度は高くなります。

| 尺度 | 測定内容 | 質問例 |
|---|---|---|
| 行動力 | 物事をすぐに行動に移すかどうかを測定。 | （＋）考えるより、まず行動する。<br>（－）行動する前に考え直すことが多いほうである。 |
| 外向性 | 対人的に積極的かどうかを測定。 | （＋）初めての人とすぐに親しくなれる。<br>（－）内気なほうである。 |
| 論理性 | 抽象的、論理的に物事を考えるかどうかを測定。 | （＋）何事も論理的に考えるほうである。<br>（＋）難解な問題を考えるのが好きなほうである。 |
| 慎重性 | 物事に慎重に対処するかどうかを測定。 | （＋）何かをする前に、じっくり考えるほうである。<br>（＋）何事も用心深く考えるほうである。 |
| 情緒安定性 | 感情が安定しているかどうかを測定。 | （＋）気持ちの切り替えがはやいほうである。<br>（－）感情が表に出やすい。 |

## 気質の6タイプ

質問例に「Yes（当てはまる）」と回答すると、そのタイプと診断される可能性が高くなります。

| 気質名 | タイプ名 | 各タイプの特徴 | 質問例 |
|---|---|---|---|
| 循環性気質 | 高揚タイプ | 常に高揚した気分で、社交的で陽気。世話好きだが、大雑把で配慮に欠けるところがある。 | ・おせっかいなことをするほうである。<br>・おしゃべりになることが多いほうである。 |
| | 執着タイプ | こだわるほうで、感情が長く続く。完璧主義で努力家。取り越し苦労をしやすい心配性。義理堅い。 | ・物事に熱中しやすく、凝るほうである。<br>・完璧主義で、妥協しないほうである。 |
| 分離性気質 | 敏感タイプ | 真面目。繊細で、感受性が強い。神経質。広くつき合うよりも、一部の人と親密につき合う。 | ・周りの人と必要以上には話をしたくないと思うことがある。<br>・人からあまり接触されたくないと思うことがある。 |
| | 独自タイプ | 自尊心が強い。負けず嫌い。意志が強い。大胆。 | ・自尊心が強いほうである。<br>・ときどき周りがびっくりするような大胆なことをする。 |
| 粘着性気質 | 緩慢タイプ | 几帳面。着実。持続性がある。頭が固く、頑固。マイペース。テンポが遅い。 | ・物事は粘り強く、着実に行うほうである。<br>・何事にも頑固なほうである。 |

| 粘着性気質 | 率直タイプ | 自己表現がストレートで、目立ちたがり屋。地味な仕事が苦手で、困難な仕事を人に押しつけることが多い。 | ・知らず知らずに目立ってしまうことがある。<br>・仕事がうまくいかないと、投げ出したくなる。 |
|---|---|---|---|

# 組織適応性と虚偽尺度

## 組織適応性はなぜ高いほうが望ましいのか?

**会社の組織になじむことができるか**を調べるのが「組織適応性」です。
「組織適応性」の質問の特徴は、対人関係あるいは心身に不調和がある状態について、当てはまるかをたずねている点にあります。

- **対人関係の不調和に関する質問例**
  「先輩から命令されると、逆らいたくなる」
- **心身の不調和に関する質問例**
  「私のアイデアなどを盗もうとしている誰かがいる」
  「しばしばめまいがする」

当然のことながら、どの企業においても、組織にうまく適応できる人物が好まれるものです。ですから、組織適応性は高いほうが望ましいのです。

上記のような質問文には、いずれも「No（当てはまらない）」と回答すると組織適応性は高くなります。対人関係や心身の不調和が、自分に当てはまらないと回答することになるからです。

## 虚偽尺度はどう考える?

性格テストへの回答態度で、**自分を良く見せようと嘘の回答をしていないか**を調べるのが「虚偽尺度」です。
「虚偽尺度」の質問文の特徴は、自分を明らかに良く見せるような回答が可能なものであることです。質問文には、良い状態を示したものと悪い状態を示したものがあります。

・**虚偽尺度の質問例（良い状態）**

「今までに他人の悪口を言ったことはない」

・**虚偽尺度の質問例（悪い状態）**

「他人を疑ったことがある」

良い状態の質問文に対して「Yes（当てはまる）」、悪い状態の質問文に対して「No（当てはまらない）」と回答すると虚偽尺度に引っかかります。

あまりにも虚偽尺度に引っかかると、「回答態度に問題がある」と診断されることがあります。

【編著者紹介】

**SPIノートの会**　1997年に結成された就職問題・採用テストを研究するグループ。2002年春に、『この業界・企業でこの「採用テスト」が使われている！』（洋泉社）を刊行し、就職界に衝撃を与える。その後、『これが本当のSPI3だ！』をはじめ、『これが本当のWebテストだ！』シリーズ、『これが本当のSPI3 テストセンターだ！』『これが本当のSCOAだ！』『これが本当のCAB・GABだ！』『これが本当の転職者用SPI3だ！』『完全再現NMAT・JMAT 攻略問題集』『「良い人材」がたくさん応募し、企業の業績が伸びる採用の極意』『こんな「就活本」は買ってはいけない！』などを刊行し、話題を呼んでいる。講演依頼はメールでこちらへ　pub@spinote.jp

SPIノートの会サイトでは情報を随時更新中

https://www.spinote.jp/

カバーイラスト＝しりあがり寿
口絵／本文イラスト＝草田みかん
図版作成＝山本秀行（F3デザイン）／相澤裕美
DTP作成＝中山デザイン事務所

本書に関するご質問は、下記講談社サイトのお問い合わせフォームからご連絡ください。
サイトでは本書の書籍情報（正誤表含む）を掲載しています。

https://spi.kodansha.co.jp
2026年度版に関するご質問の受付は、2025年3月末日までとさせていただきます。

＊回答には1週間程度お時間をいただく場合がございます。
＊基本的にご質問は問題の正誤に関わるものに限らせていただいております。就活指導など、本書の範囲を超えるご質問にはお答えしかねます。

本当の就職テストシリーズ

【SCOAのテストセンター対応】
**これが本当のSCOAだ！** 2026年度版

2024年1月20日　第1刷発行

編著者　ＳＰＩノートの会
発行者　森田浩章
発行所　株式会社講談社
東京都文京区音羽2-12-21　〒112-8001
電話　編集　03-5395-3522
販売　03-5395-4415
業務　03-5395-3615

KODANSHA

装　丁　岩橋直人
カバー印刷　共同印刷株式会社
印刷所　株式会社ＫＰＳプロダクツ
製本所　株式会社国宝社



ISBN978-4-06-534507-8　N.D.C. 307.8　271p　21cm